学诗可以情飞扬、志高昂、人灵秀。

——引自 2013 年 3 月 7 日习近平在中央党校建校 80 周年大会上的讲话

中华古诗词360首

（十一级）

学术顾问： 周笃文
书名题字： 陈洪武
主　　编： 刘锦文　康守永
副 主 编： 王汉文　王艳芬　乔　维　满在莉
本册编委： （以姓氏笔画为序）
马小波　王叶婷　王守健　王妮子　王海燕　朱烨榕
刘军民　师　文　安雅琼　李小平　李宏发　李彦沛
李爱秀　吴永清　宋献普　陈小杏　陈义梅　陈习杰
陈进进　范　晔　钟晓东　姚红侠　贾亚维　黄世新
曹　洁　常　娜　康玉楼　梁秋燕　谢宝丽　强春蕾
强　强　燕海亮　戴宏辉

艺术总监： 李有来　许龙江　吴川淮
插画提供： 《中国书画》杂志社
平台支持： 全国中小学教师继续教育网

西安出版社

图书在版编目（CIP）数据

中华最美古诗词360首. 十一级 / 刘锦文、康守永主编. —西安：西安出版社，2018.12（2023.4重印）
ISBN 978-7-5541-3225-8

Ⅰ.①中… Ⅱ.①刘…②康… Ⅲ.①古典诗歌—中国—高中—教学参考资料 Ⅳ.①G634.303

中国版本图书馆CIP数据核字（2018）第158369号

中华最美古诗词360首（十一级）

主　　编：	刘锦文　康守永
出版发行：	西安出版社
社　　址：	西安市雁塔区雁南五路1868号曲江影视大厦11层
电　　话：	（029）85253740
邮政编码：	710061
网　　址：	www.xacbs.com
印　　刷：	天津图文方嘉印刷有限公司
开　　本：	787mm×1092 mm　1/20
印　　张：	10.25
字　　数：	201千
版　　次：	2018年12月第1版 2023年4月第2次印刷
书　　号：	ISBN 978-7-5541-3225-8
定　　价：	39.80元

△本书如有缺页、误装，请寄回另换。
未经许可，不得以任何方式复制或抄袭本书之部分或全部内容。
版权所有，侵权必究
邮购电话：（010）88113200

序

中国诗歌发轫于上古，波澜相接，汇为浩浩之诗海，气势磅礴，穿越万古时空依旧光辉不减，其历史之久远，底蕴之深厚，数量之巨大，品质之超然，震撼之强烈，流传之广阔，影响之深远，在世界文明史上都是举世无双的。

俨然一角灵犀影，焕出诗家万丈虹。在这个国度里，无数诗词巨星，用自己充满高情大爱与奇思的旷世名篇，将汉语言文字特有的声情意象之美发挥到了出神入化的地步，声律优美，意境如画，使人见字生感，闻声动情，从帝王将相到渔父耕夫，无不喜闻乐诵、目醉心迷，诗词成了人们文化生活的首选乃至潜意识存在，在塑造民族性格、凝铸民族精神方面发挥着神工伟力，诗化的中华民族因此历劫不衰，保持着盎然勃发的生命力。古诗词所蕴含的美育力量渗透进了中华文化的各个方面，使其当之无愧地成为中华文化的灵魂、民族的血脉、精神的家园。

诗主性灵，重高节。就个人成长而言，诗词是陶冶性灵、涵养气质、提升审美品位不可替代的载体，对促进智力的发展、创新才能的焕发、自由精神的培育、贤德君子形象的塑造具有极为重要的价值。

以诗词之美弘扬国学、教化人生是每一个文化和教育工作者的义务和使命。正如近平同志在北师大教师节座谈会上说的，"应该把这些经典嵌在学生脑子里，成为中华民族文化的基因"，希望全社会积极承担起激活传统的历史责任，推陈出新，利用各种载体，将传统中华诗歌文化传承下去，让中华诗词在传承中焕发出内生的动力和新的光彩。

周笃文

2018 年 9 月 8 日于北京

周笃文：字晓川，1934 年生，湖南汨罗人，国务院表彰的特殊贡献专家，著名诗词家和宋词研究专家，中华诗词学会和中国韵文学会的创始人之一，历任中国韵文学会常务理事、中华诗词学会副会长兼秘书长、中华诗词编著中心总编辑，原中国新闻学院教授，中外文化研究所所长。已发表诗词近千首，出版各类诗词专集、选集、研究赏析著作十余种，主要著作有《全宋词评注》十卷、《宋词》《宋百家词选》《金元明清词》《华夏之歌》《经典宋词百家解说》《珍藏本宋词》《影珠书屋吟稿》《婉约词典评》《豪放词典评》《中外文化辞典》等，在古典诗词学界享有盛誉。

目 录

拟行路难（其四）…………………… 鲍　照　003
短歌行………………………………… 曹　操　009
朝天子　咏喇叭……………………… 王　磐　016
梦游天姥吟留别……………………… 李　白　020
蜀相…………………………………… 杜　甫　029
登岳阳楼……………………………… 杜　甫　036
李凭箜篌引…………………………… 李　贺　043
临安春雨初霁………………………… 陆　游　050
正宫·端正好　长亭送别…………… 王实甫　056
江城子　乙卯正月二十日夜记梦…… 苏　轼　061
拟行路难（其六）…………………… 鲍　照　068
咏怀古迹（其三）…………………… 杜　甫　073
浪淘沙　写梦………………………… 龚自珍　078
一剪梅　舟过吴江…………………… 蒋　捷　082
月下独酌……………………………… 李　白　087
苍松怪石图题诗……………………… 李方膺　092
无题（昨夜星辰昨夜风）…………… 李商隐　097
浪淘沙（帘外雨潺潺）……………… 李　煜　103

五噫歌………………………………… 梁　鸿　108
蝶恋花（伫倚危楼风细细）………… 柳　永　114
钗头凤（红酥手）…………………… 陆　游　120
惜分飞（泪湿阑干花著露）………… 毛　滂　126
长相思（山一程）…………………… 纳兰性德　133
踏莎行（候馆梅残）………………… 欧阳修　139
天问（节选）………………………… 屈　原　144
念奴娇　登石头城次东坡韵………… 萨都剌　150
定风波（莫听穿林打叶声）………… 苏　轼　155
移居（其二）………………………… 陶渊明　161
更漏子（玉炉香）…………………… 温庭筠　167
楚狂接舆歌…………………………… 先　秦　172
晚登三山还望京邑…………………… 谢　朓　176
浣溪沙（细听春山杜宇啼）………… 辛弃疾　183
鹧鸪天　鹅湖归病起作……………… 辛弃疾　188
离亭燕（一带江山如画）…………… 张　昪　193
节妇吟·寄东平李司空师道………… 张　籍　198

引　言

走进缤纷律动的夏日荷塘，听鸟儿欢叫、蛙声悠扬；拾级黄叶漫染的金秋山冈，听泉水流淌、情歌回响；登上月辉静沐的西楼画舫，听钟磬和鸣、宫商绕梁……这些，都是中华古诗词里的寻常意象。

泛黄的史册里，从王侯将相到黎民百姓，无论贵贱，或雅或风，你来我往，游弋在诗词的海洋，抚琴摇橹，浅吟低唱；从文人雅士到野夫游侠，不分老少，或兴或比，前呼后拥，徜徉在花园曲榭，举杯邀月，高歌豪放……

让我们洗耳恭听——听孔丘弦歌，屈子骚伤……

悠远的古道上，一代汉将剑指云天，驰骋边关，倾情演绎着烈士洒血的铿锵；萧瑟的西风中，几个宋臣骑着瘦马，来去回还，奋力弹奏着战马嘶鸣的悲怆；拍岸的惊涛里，风流人物驾着小船，驱风逐雾，镇定挥洒着强虏烟灭的雄壮；凌空的高阁下，绝代诗圣舒展衣袖，轻提缓按，自如书写着鬼神惊泣的华章。

蓦然回首，有位佳人，在水中央，巧笑倩兮，美目盼兮，令人心驰神往。

让我们走进中华最美古诗词，看郑姬进殿、汉娥离宫，邂逅花妒神赞、鱼沉燕落之天香；看唐妃起舞、宋娘登楼，温暖别易聚难、怀歌肠断之悲凉。

"江山代有才人出，各领风骚数百年"，从汉魏风骨到盛唐气象，斗转星移，诗家辈出，诗品日新，诗潮迭起，诗风浩荡。

王朝虽更迭，诗魂却永驻。诗词流淌在中国人的血液里，成了中华民族不朽的文化基因。让我们再上高楼，以饱满的人文底蕴，拥抱明日的辉煌。

［明］文徵明 《拙政园图诗册》

拟行路难（其四）

[南朝] 鲍照

泻①水置平地，各自东西南北流。

人生亦有命，安能行叹复坐愁？

酌酒以自宽，举杯断绝②歌路难。

心非木石岂无感？吞声③踯躅④不敢言。

注释

①泻：倾、倒。

②断绝：停止。

③吞声：声将发又止。

④踯躅（zhí zhú）：徘徊不前。

古诗今读

像往平地上倒水，水会向不同方向流散一样，人生贵贱穷达是不一致的。人生是既定的，怎么能成天自怨自艾。喝点酒来宽慰自己，歌唱《行路难》，歌唱声因举杯饮酒而中断。人心又不是草木，怎么会没有感情？欲说还休，欲行又止，不再多说什么。

赏析要点

这首诗是鲍照《拟行路难》中的第四篇，书写诗人在门阀制度重压下，深感仕路艰难激发起的愤慨不平之情，其思想内容与原题妙合无垠。

"泻水置平地，各自东西南北流"：诗歌起笔陡然，入手便写水泻地面，四方流淌的现象。既没有波涛万顷的壮阔场面,也不见澄静如练的优美意境。然而,就在这既不神奇又不玄妙的普通自然现象里,诗人却顿悟出了与之相似相通的某种人生哲理。作者运用的是以"水"喻人的比兴手法,那流向"东西南北"不同方位的"水",恰好比喻了社会生活中高低贵贱不同处境的人。"水"的流向,是地势造成的;人的处境,是门第决定的。因此说,起首两句,通过对泻水的寻常现象的描写,形象的揭示出了现实社会里门阀制度的不合理性。诗人借水"泻"和"流"的动态描绘,造成了一种令读者惊疑的气势。正如清代沈德潜所说:"起手万端下,如黄河落天走东海也。"这种笔法,正好曲折地表达了诗人由于激愤不平而一泻无余的悲愤抑郁心情。

"人生亦有命,安能行叹复坐愁":接下二句,诗人转向自己的心态剖白。他并没有直面人间的不平去歌呼呐喊,而是首先以"人生亦有命"的宿命论观点,来解释社会与人生的错位现象,并渴望借此从"行叹复坐愁"的苦闷之中求得解脱。

"酌酒以自宽,举杯断绝歌路难":继而又以"酌酒以自宽"来慰藉心态失去的平衡。然而,举杯消愁愁更愁,就连借以倾吐心中悲愤的《行路难》歌声,也因"举杯"如鲠在喉而"断绝"了。这里诗人有意回避了正面诉说自己的悲哀和苦闷,胸中郁积的块垒,已无法借酒浇除,他便着笔于如何从怅惘中求得解脱,在烦忧中获得宽慰。这种口吻和这笔调,愈加透露出作者深沉浓重的愁苦悲愤的情感,造成了一种含蓄不露,蕴藉深沉的艺术效果。

"心非木石岂无感?吞声踯躅不敢言":诗的结尾,作者才吐出真情。"心非木石岂无感",人心不是草木,不可能没有感情,诗人面对社会的黑暗,遭遇人间的不平,不可能无动于衷,无所感慨。写到这里,诗人心中的愤懑,已郁积到最大的密度,达到了随时都可能喷涌的程度。不尽情宣泄,不放声歌唱,已不足以倾吐满怀的愁苦了。然而出人意料的是,下面出现的却是一声低沉的哀叹:"吞声踯躅不敢言。"到了嘴边的呼喊,却突然"吞声"强忍,"踯躅"克制住了。社会政治的黑暗,残酷无情的统治,窒息着人们的灵魂。社会现实对于寒微人士的压抑,已经到了让世人敢怒而不敢言、徘徊难进的地步了。有许许多多像诗人一样出身寒微的人,也只能像他那样忍气吞声,默默地把愤怒和痛苦强咽到肚里,这正是人间极大的不幸。而这种不幸的根源，已经是尽在言外，表现得很清楚了。所以，前文中"人生亦有命"的话题，也只是诗人在忍气吞声和无可奈何之下所倾吐的愤激之词。

作者掠影

鲍照（约415～470），南朝宋文学家，字明远，祖籍东海（治所在今山东郯城西南，辖区包括今江苏涟水），久居建康（今南京）。与颜延之、谢灵运合称"元嘉三大家"。鲍诗气骨劲健，语言精练，辞采华丽，常常表现慷慨不平的思想感情。七言诗在鲍照那里有显著的发展，对于唐代作家颇有影响。有《鲍参军集》。在思想内容上，多表现为国建功立业的愿望、对门阀社会的不满、怀才不遇的痛苦、报国无门的愤懑及理想幻灭的悲哀，真实地反映了当时贫寒士人的生活状况。亦有少部分作品描写了边塞战争和征戍生活，被后人视为唐代边塞诗的萌芽。

鲍照诗作今存204首。其中的《拟行路难》十八首，主要抒发诗人对人生艰难的感慨，表达寒门士人在仕途中的坎坷和痛苦。也有描写游子和思妇之作，大多感情强烈，语言遒劲，辞藻华丽。

南北朝时期实行的是士族门阀制度，而鲍照出身寒微，他虽然渴望能以自己的才能实现个人的价值，但是却受到社会现实的压制和世俗偏见的阻碍，于是常借助于诗歌创作来抒发其心中建功立业的愿望，倾吐寒门志士备遭压抑的痛苦，表达寒士们慷慨不平的呼声，流露了对门阀社会的不满和抗争。

延伸阅读

鲍照《拟行路难》和李白《行路难》的比较

后世认为，鲍照的《拟行路难》对李白的《行路难（其一）》影响很大，因而从思想内容到情感抒发，以至于语言风格，两首诗都有些相像。我们来看看两诗的差别。

首先，从句式看，李白的《行路难》更整齐匀称一些。整齐的句式会让语气畅通，气势连贯，给人一种竹筒倒豆般的酣畅淋漓之感，因而，我们感到，李诗较之鲍诗语气上更加贯通，大有一泻千里的气势；而鲍诗，也有人说"若决江河"，然而，总觉奔腾咆哮般的艰涩远过于酣畅淋漓的畅快。然而，有时候，我们读一读便知，"五言+七言"的模式，似乎更利于抒发内心的怨气。五言节奏舒缓，仿佛稍做停歇，在蓄势；接下来的七言，则明快洒脱，奔腾而出，真如江河决堤一般。

其次，从内容看，抒写怀才不遇是共同的，李诗却远不及鲍诗那样无奈与消沉。这跟两人生活的社会背景和生活际遇相关，也与二人的性情不无关联。鲍照生活在那个门阀制度森严的时代，个人又处在社会下层，可他偏偏渴望有人赏识，并孜孜以求之，胸怀大志而不得施展，内心的压抑郁闷无法排解，那是自然而然的事情。李白则不同，身处盛唐，曾有过登堂入室般的辉煌，何况他生性狂放洒脱、乐观随和，自然也就不会完全为求得官职而劳心费神。因而，《行路难》也不过是他套用乐府旧题聊表不满而已。

最后，从情感看，李诗是高昂向上的，这跟鲍诗截然不同。从两首诗最后两句看，鲍诗的忍气吞声，徘徊辗转，愁得无以释怀，似乎要把人压得喘不过气来；而李诗呢，却高扬起希望的风帆，长风破浪，毅然前行了。这才是这两首诗的最大区别之处！

附：

行路难（其一）

李白

金樽清酒斗十千，玉盘珍馐直万钱。
停杯投箸不能食，拔剑四顾心茫然。
欲渡黄河冰塞川，将登太行雪满山。
闲来垂钓碧溪上，忽复乘舟梦日边。
行路难，行路难，多歧路，今安在？
长风破浪会有时，直挂云帆济沧海。

考试链接

1. 下列对诗句的理解不正确的一项是（　　）

A.《拟行路难（其四）》是鲍照的寄寓悲愤之作。

B. 诗人用泻水流淌这一现象作为比兴，引出对社会人生的无限感慨。

C. 通过"酌酒""吞声""踯躅""不敢"等词，足见作者所忧的是些情感琐事。

D. "心非木石岂无感？吞声踯躅不敢言。"这是本诗的名句，写出了底层人士及千千万万不得志者的内心痛苦。

2. 作者前面说"人生亦有命",似乎他已心平气和地接受了"人生亦有命"的现实,事实是否如此?从哪里可以看出来?

3. "泻水"四句作者言不当愁,接着写借酒浇愁。结合前几句和作者的身世经历,采用"知人论世"的方法谈谈是什么样的愁?

编注者:贾亚维

【参考答案】

1. C C项所言,"酌酒""吞声""踯躅""不敢"等行为,不能推出作者所忧的是些情感琐事,二者之间没有必然联系。

2. 地,岂是平的?泻水于地,难道不是依照各自高低不同的地势而流向各方吗?一个人的遭际如何,犹如泻水置地,不是也由出身的贵贱、家庭社会地位的高低决定的吗?乍读之下,似乎诗人心平气和地接受了"人生亦有命"的现实,其实,他是用反嘲的笔法来抨击不合理的门阀制度。从第二个反问句"心非木石岂无感"可以看出作者的真正意思:哪里是什么人生有命,人的出身贵贱、地位高低,完全是由不合理的社会现实造成的。

3. "泻水"四句言不当愁,接下去写借酒消愁,但满怀的悲愁岂是区区几杯酒能驱散的?"吞声踯躅不敢言",是说将已经爆发出来的巨大的悲慨吞咽下去。"不敢言"三字蕴藏着无穷的含意,表明诗人所悲、所感、所激愤不平的并非一般小事,而是有着重要的社会政治内容;愈是不敢言说,愈见出感愤的深切。

［明］陈洪绶 《蕉林酌酒图》

短 歌 行

[汉] 曹操

扫一扫，听朗读

对酒当歌，人生几何①！譬如朝露②，去日苦多。慨当以慷③，忧思难忘。何以解忧？唯有杜康④。青青子衿，悠悠我心⑤。但为君故，沉吟⑥至今。呦呦⑦鹿鸣，食野之苹⑧。我有嘉宾，鼓瑟吹笙。

明明如月，何时可掇⑨？忧从中来，不可断绝。越陌度阡⑩，枉⑪用相存⑫。契阔谈䜩⑬，心念旧恩。月明星稀，乌鹊南飞。绕树三匝⑭，何枝可依？山不厌高，海不厌深。周公吐哺，天下归心。

注释

① 几何：多少。
② 譬如朝露：譬如早晨的露水（太阳一出来很快就消失）。
③ 慨当以慷：指宴会上的歌声激昂慷慨。当以，这里是"应当用"的意思。
④ 杜康：相传是最早造酒的人，这里代指酒。
⑤ 青青子衿，悠悠我心：出自《诗经·郑风·子衿》。原写姑娘思念情人，这里用来比喻渴望得到有才学的人。子，对对方的尊称。衿，古式的衣领。青衿，是周代读书人的服装，这里指代有学识的人。悠悠，长久的样子，形容思虑连绵不断。
⑥ 沉吟：原指小声叨念和思索，这里指对贤人的思念和倾慕。
⑦ 呦（yōu）呦：鹿叫的声音。

⑧苹：艾蒿。
⑨何时可掇（duō）：什么时候可以摘取呢？掇，拾取，摘取。
⑩越陌度阡：穿过纵横交错的小路。陌，东西向的田间小路。阡，南北向的小路。
⑪枉：“枉驾”的意思。
⑫存：问候，思念。
⑬讌（yàn）：通"宴"。
⑭三匝（zā）：三周。匝，周，圈。

古诗今读

面对着美酒一边喝着一边高声放歌，人生的时光能有多少啊？就好像是清晨的露水日出即无影无踪，可悲可叹流逝的时光太多太多。虽然慷慨激昂地喝着酒唱着歌，却无法忘却内心的忧愁，用什么来解除我的忧愁呢？只有那杜康美酒了。那青色衣领的学子啊，正是我日日思慕的贤才啊。正是因为渴慕贤才的缘故，才让我焦虑沉吟，直到如今。嗷嗷鸣叫的鹿儿啊，是在呼唤朋友，共享原野上嫩嫩的艾蒿。我有了尊贵的宾客，更会鼓瑟吹笙盛情款待。

如明月一样高悬的贤才啊，什么时候才能被我摘取？我的忧虑如丝如缕发自内心，日日夜夜都不会断绝。穿过纵横交错的小路，贤才屈驾来访。我将致意问候，如同久别重逢的知交欢宴畅谈，感念您还记着旧日的恩情。月儿明亮，辰星稀疏，乌鹊寻找方向南飞。绕着大树飞了三圈，不知那根树枝可以安身？高山永远不会满足于高大，大海也永远不会满足于深远。我要像周公那样虚心对待贤才，让天下的贤才心悦诚服地来归附。

赏析要点

《短歌行》的主题非常明确，就是作者希望有大量人才来为自己所用。实际上就是一曲"求贤歌"、又正因为运用了诗歌的形式，含有丰富的抒情成分，所以就能起到独特的感染作用，有力表达他求贤若渴、一统江山的博大情怀。

"对酒当歌，人生几何？譬如朝露，去日苦多。慨当以慷，忧思难忘。何以解忧，唯有杜康。"

在这八句中，作者强调他非常发愁，愁得不得了。那么愁的是什么呢？原来他是苦于得不到众多的"贤才"来同他合作，一道抓紧时间建功立业。这八句，猛一看很像是《古诗十九首》中的消极调子，而其实大不相同。这里讲"人生几何"，不是叫人"及时行乐",而是要及时地建功立业。又从表面上看,曹操是在抒个人之情,发愁时间过得太快,恐怕来不及有所作为。实际上却是在巧妙地感染广大"贤才",提醒他们人生就像"朝露"那样易于消失,岁月流逝已经很多,应该赶紧拿定主意,到我这里来施展抱负。所以不难看出,诗中浓郁的抒情气氛包含了相当强烈的政治目的。这样积极的目的而故意要用低沉的调子来发端,这固然表明曹操真有他的愁思,所以才说得真切;但另一方面也正因为通过这样的调子更能打开处于下层、多历艰难、又急于寻找出路的人士的心扉。所以说用意和遣词既是真切的,也是巧妙的。

"青青子衿,悠悠我心。但为君故,沉吟至今。呦呦鹿鸣,食野之苹。我有嘉宾,鼓瑟吹笙。"

这八句情味更加缠绵深长了。"青青"二句原来是《诗经·郑风·子衿》中的话,曹操在这里引用这首诗,而且还说自己一直低低地吟诵它。他说"青青子衿,悠悠我心",直接比喻了对"贤才"的思念;但是他却省略掉两句话:"纵我不往,子宁不嗣音?"曹操由于事实上不可能一个一个地去找那些"贤才",所以他便用这种含蓄的方法来提醒他们:"就算我没有去找你们,你们为什么不主动来投奔我呢?"由这一层含而不露的意思可以看出,他那"求才"的用心实在是太周到了,的确具有感人的力量。而这感人力量正体现了文艺创作的政治性与艺术性的结合。

紧接着他又引用《诗经·小雅·鹿鸣》中的四句,描写宾主欢宴的情景,意思是说只要你们到我这里来,我是一定会待以"嘉宾"之礼的,我们是能够欢快融洽地相处并合作的。这八句仍然没有明确地说出"求才"二字,因为曹操所写的是诗,所以用了典故来做比喻,这就是"婉而多讽"的表现方法。

"明明如月,何时可掇?忧从中来,不可断绝。越陌度阡,枉用相存。契阔谈䜩,心念旧恩。"

这八句是对以上十六句的强调和照应。以上十六句主要讲了两个意思,即为求贤而愁,又表示要待贤以礼。前四句又在讲忧愁,是照应第一个八句;后四句讲"贤才"到来,是照应第二个八句。表面看来,意思上是与前十六句重复的,但实际上加强了抒情的浓度。再从表达诗的文学主题来看,这八句也不是简单重复,而是含有深意的。那就是说"贤才"已经来了不少,我们也合作得很融洽;然而我并不满足,我仍在为求贤而发愁,希望有更多的"贤才"到来。

"月明星稀,乌鹊南飞,绕树三匝,何枝可依?

山不厌高，海不厌深，周公吐哺，天下归心。"

"月明"四句既是准确而形象的写景笔墨，同时也有比喻的深意。指那些犹豫不定的人才，他们在三国鼎立的局面下一时无所适从。所以曹操以乌鹊绕树、"何枝可依"的情景来启发他们，不要三心二意，要善于择枝而栖，赶紧到自己这一边来。这四句诗生动刻画了那些犹豫彷徨者的处境与心情，然而作者不仅丝毫未加指责，反而在浓郁的诗意中透露着对这一些人的关心和同情。这恰恰说明曹操很会做思想工作，完全是以通情达理的姿态来吸引和争取人才。而像这样一种情味，也是充分发挥了诗歌所特有的感染作用。最后四句画龙点睛，明明白白地以"周公吐哺"的典故披肝沥胆，希望人才都来归我，确切地点明了此诗的主题。"山不厌高，海不厌深"二句也是通过比喻极有说服力地表现了人才越多越好，绝不会有"人满之患"。

作者掠影

曹操（155~220），东汉末年著名政治家、军事家、文学家。字孟德，小名阿瞒，沛国谯（今安徽省亳州市）人。

政治家：曹操二十岁被举为孝廉，参加镇压黄巾起义，起兵讨伐董卓，先"挟天子以令诸侯"，后削平吕布等割据势力。官渡之战大破河北割据势力袁绍后，成为北方势力最强的军阀，并逐渐统一了中国北部。建安十三年，进位为丞相，率军南下，被孙权刘备联军击败于赤壁。曾几次下《求贤令》，打破当时以德行和家世为用人标准的惯例，实行任人唯贤，唯才是举政策，采取抑制豪强，限制兼并，广兴屯田等一些有利于人民的措施。他儿子曹丕称帝后，追尊曹操为魏武帝。

军事家：实践方面，指挥了官渡之战，是中国历史上著名的以弱胜强的战例。理论上，著有《孙子略解》《兵书接要》等书。

文学家：曹操精音律，善诗歌，即使在鞍马劳顿中，也常常横槊赋诗，随章命题。他的诗歌内容较为丰富，风格苍劲悲凉。有反映战乱和民生疾苦的《蒿里行》等；有反映个人政治抱负的《短歌行》；有写景的《观沧海》和抒情的《龟虽寿》等。联想起新中国开国领袖毛泽东的《浪淘沙·北戴河》中"往事越千年，魏武挥鞭，东临碣石有遗篇"这词句说明曹操的内修文德外治武训对历史的发展有不可泯灭的功勋。"文如其人"，通过一个人的作品去分析一个人的形象，才是比较可靠的方法，《短歌行》是最能体现曹操诗歌思想艺术风格的代表作之一。

延伸阅读

纵观中国历史，能与曹操在文学与军事上相提并论的人不多。岳飞、辛弃疾、陆游都有着诗才，有过军事经历和体验。岳飞的《满江红》可以说是千古传诵的爱国名篇。以激昂的斗志、气吞万里的气势表达的是收复失地报效朝廷的英雄气概。在我国古代诗歌中，没有一首有像《满江红》有这么深远的社会影响，也从来没有像《满江红》那样具有激奋人心，鼓舞人们杀敌上战场的力量。该词上片抒发作者为国立功满腔忠义与奋发豪气。以义愤填膺的肖像描写起笔，开篇奇突。凭栏眺望，指顾山河，胸怀全局，正英雄本色。下片抒写了作者重整山河的决心和报效君王的耿耿忠心。表达了作者报效朝廷的一片赤诚之心。肝胆沥沥，感人至深。全词如江河直泻，曲折回荡，激发处铿然作金石声。

然而，除此词以外，岳飞再难有更好更多表达情怀与抱负的诗篇，英雄的业绩和豪气只给后世留下太多的遗憾与惋惜。

辛弃疾和陆游一生主张抗金与收复失地，也给后世留下众多气吞山河、流传千古的壮丽诗篇。可是，二位一生只能是英雄无用武之地，豪杰报国无门的无谓慨叹。建功立业，收复失地只能成为他们留给子孙的喟叹。

可是曹操一生功业无数，麾下兵多将广，人才济济。他的雄才大略得以实施，他的千古文字得以流传。他被冠以"乱世之枭雄，治世之能臣"。他有着招贤纳士、横槊赋诗、胸怀天下的王者气概，这些在他的《龟虽寿》《观沧海》《短歌行》等诗篇中得以体现。鲁迅称其为"改革文章的鼻祖"，他们父子和"建安七子"以风骨遒劲，慷慨悲凉的阳刚之气，形成了文学史上"建安风骨"的独特风格，被后人尊为典范。

可见，曹操是集文学气质与英雄气概的时代宠儿，他拥有王者的桂冠与贤者的美誉，他享尽了人世的尊贵与荣耀。

考试链接

1. 全诗反复出现一个"忧"字，诗人"忧"什么？

2. 如何理解"对酒当歌,人生几何?譬如朝露,去日苦多"这四句诗的思想感情?

3. 如何理解"山不厌高,海不厌深,周公吐哺,天下归心"这四句诗?

4. 下列对诗句解说不正确的一项是（　　）

A. "对酒当歌,人生几何"和"何以解忧,唯有杜康"几句诗表达了功业未成的曹操悲观厌世的一面。

B. "青青子衿,悠悠我心"运用了"青衿"的典故,意在表达作者求贤若渴的愿望。

C. 根据当时的时代背景,诗人"忧从中来"的"忧"来自壮志未酬却已年过半百的忧虑,来自社会动荡,国家统一前途未卜的担忧等等。

D. "月明星稀,乌鹊南飞,绕树三匝,何枝可依"两联借乌鹊绕树表达"良禽择木而栖,贤臣择主而事"之意,希望天下贤士归于自己。

编注者：刘军民

【参考答案】

1. 人生短暂、人才难求。

2. 为了实现统一中国的雄心壮志,曹操虽然取得了许多成就,但也遇到不少挫折和失败。他深感奋斗中的艰难,也因年岁增长,光阴流逝,理想尚未实现而忧愁,所以才有人生短暂之叹。但这一"叹"不是无所作为者、蹉跎岁月者、不思进取者的消极之"叹",而是一位渴望得到贤才帮助以实现建功立业雄心的英雄之叹。"人生几何""去日苦多"是进取中的忧叹,追求中的苦闷。表达了诗人抓紧时机、大干一番事业的强烈愿望,隐含着的仍然是积极昂扬的精神。

3. 说明诗人自己一方面感到生命易尽,一方面则更加激励他及时建功立业的思想,渴望有更多的有才能的人来帮助他实现他的政治理想。

4. A

[宋] 李迪 《枫鹰雉鸡图》

朝天子①

咏喇叭

[明] 王磐

喇叭②，唢呐③，曲儿小④腔儿大⑤。官船⑥来往乱如麻⑦，全仗⑧你⑨抬声价⑩。军听了军愁⑪，民听了民怕。哪里去辨⑫甚么⑬真共假？眼见的吹翻了这家⑭，吹伤了那家⑮，只吹的水尽鹅飞罢⑯！

注释

①朝天子：曲牌名。
②喇叭：铜制管乐器，上细下粗，最下端的口部向四周扩张，可以扩大声音。
③唢呐：也写作"锁呐"，管乐器，管身正面有七孔，背面一孔。前接一个喇叭形扩声器。民乐中常使用。
④曲儿小：（吹的）曲子很短。
⑤腔儿大：（吹出的）声音很响。曲儿小腔儿大是喇叭、唢呐的特征。本事很小、官腔十足是宦官的特征。
⑥官船：官府衙门的船只。
⑦乱如麻：形容来往频繁，出现次数很多。
⑧仗：倚仗，凭借。
⑨你：指喇叭、唢呐。
⑩抬声价：抬，抬高；声价，指名誉地位。
⑪军听了军愁：军，指军队。愁，发愁。因受搅扰而怨愤。旧时皇帝为了加强对军队统帅的控制，常派宦官监军，以牵制军队长官的行动，十分讨厌。
⑫辨：分辨、分别。
⑬甚么：同"什么"，疑问代词。
⑭吹翻了这家：意思是使有的人家倾家荡产。
⑮吹伤了那家：使有的人家元气大伤。
⑯水尽鹅飞罢：水干了，鹅也飞光了。比喻民穷财尽，家破人亡。这是宦官害民的严重后果。水尽

鹅飞,"官船"就不能长久来往,这也是对最高统治者的警告,比喻家破人亡。

古曲今读

喇叭和唢呐,吹的曲子虽短,声音却很响亮。官船来往频繁如乱糟糟的麻,全凭借你抬高名誉地位。军队听了军队发愁,百姓听了百姓害怕。哪里会去辨别什么真和假?眼看着使有的人家倾家荡产,使有的人家元气大伤,直吹得水流干,鹅飞跑,家破人亡啊!

赏析要点

小令第一层说喇叭、唢呐的特征是"曲儿小腔儿大",这是喇叭最突出的特征,一"小"一"大"的对比中,也流露出作者的爱憎之情。一个"腔"字,道出了喇叭和宦官的共同特征,把那些贪官污吏的丑恶本质刻画得入木三分。小令的第二层说喇叭、唢呐的用途,是为来往如麻的官船抬声价,即为官方所用。"声价"即名誉地位,按理应是客观评价;而这里却要"抬",就说明喇叭、唢呐的品格是卑下的。小令第三层展示喇叭、唢呐用途的另一面:为害军民,即在为官船抬声价的同时,肆意侵害军民的利益,让老百姓一听到喇叭、唢呐之声就不寒而栗,胆战心惊。小令最后一层写喇叭、唢呐吹奏的结果:吹翻了这家,吹伤了那家,直吹得民穷财尽,家破人亡。通篇咏喇叭咏得真切,咏得让人信服痛恨。

这首小令是作者目睹了往来于运河之上的宦官的种种恶行后的借题发挥之作,是有所寄托的。喇叭和宦官不同类,但喇叭的"曲儿小腔儿大"与宦官的"本事小来头大"却有共同点,于是作品在物与人之间找到共性,作者实际上是比照着宦官的嘴脸咏喇叭的:以吹(虚张声势)为特征,是官方害民的帮凶,到处作威作福,惹得军民共愤,直到吹得天昏地暗、江山动摇。作者在对宦官害民的现实黑暗进行揭露的同时,也向最高统治者发出警告,其批判锋芒是很尖锐的。所以说这首小令的思想内涵是丰富而深刻的。表面上引用喇叭和唢呐,实际上借物抒怀,讽刺和揭露了明代宦官狐假虎威,残害百姓的罪恶行径,表达了人民的痛恨情绪。

这首作品不是为咏物而咏物,从它对现实社会的深刻洞察和强烈的感情色彩看,是在传达一种反抗的呼声,而这些思想内涵都包融在咏物之中。作品是在批判宦官害民,但终于没有点破,结论留待读者思而得之,既痛快淋漓又含蓄有力,这就是"不即不离"。

作者掠影

王磐(约1470~1530),明代散曲作家、画家,亦通医学。其作品被称为南曲之冠。字鸿渐,江苏高邮人。少时薄科举,不应试,一生没有做过官,尽情放纵于山水诗画之间,筑楼于城西,终日与文人雅士歌吹吟咏,因自号"西楼"。所作散曲,题材广泛。正德间,宦官当权,船到高邮,辄吹喇叭,骚扰民间,作《朝天子·咏喇叭》一首以讽。著有《王西楼乐府》《王西楼先生乐府》《野菜谱》《西楼律诗》等。

延伸阅读

古蟾宫·元宵

[明] 王磐

听元宵,往岁喧哗,歌也千家,舞也千家。听元宵,今岁嗟呀,愁也千家,怨也千家。那里有闹红尘香车宝马?祇不过送黄昏古木寒鸦。诗也消乏,酒也消乏,冷落了春风,憔悴了梅花。

这首散曲是反映社会现实的作品。小令描写了往年元宵节的热闹、欢乐气氛,同时又写了写作当年元宵节的冷清,百姓的愁怨。今昔对比,反映出明代国家日渐衰败,百姓生活每况愈下的情形,对老百姓的苦难生活深表同情,对官府的残酷统治表示强烈不满。

此曲用"今岁"、"往岁"的对比手法,描写了元宵节冷落的景象。"听元宵今岁嗟呀,愁也千家,怨也千家。"正反映当时人民生活的实况和广大人民对反动统治的愤懑情绪。据《尧山堂外纪》载:"弘治、正德时,'高邮元宵最盛,好事者多携佳灯美酒,即西楼为乐。……后经荒岁苛政,闾阎凋敝,良宵遂索然矣。'"这段话正可作为这首小令的最佳注脚。

考试链接

1. 全曲以"_____"贯穿始终,"_____"字道出了喇叭和宦官和共同特征,"_____"三个字则把宦官酷吏横冲直撞和骄横神态描摹殆尽。

编注者:黄世新

【参考答案】
1. 吹　腔　乱如麻

［明］唐寅 《步溪图》

梦游天姥①吟留别

[唐] 李白

海客②谈瀛洲③,烟涛④微茫⑤信⑥难求;越人⑦语⑧天姥,云霞明灭⑨或⑩可睹。天姥连天向天横⑪,势拔五岳掩赤城。天台四万八千丈,对此欲倒东南倾。

我欲因之梦吴越,一夜飞度镜湖⑫月。湖月照我影,送我至剡溪⑬。谢公宿处今尚在,渌⑭水荡漾清猿啼。脚著谢公屐⑮,身登青云梯⑯。半壁见海日⑰,空中闻天鸡⑱。千岩万转路不定,迷花倚石忽已暝⑲。熊咆龙吟殷岩泉⑳,栗深林兮惊㉑层巅。云青青㉒兮欲雨,水澹澹㉓兮生烟。列缺㉔霹雳,丘峦崩摧。洞天㉕石扉㉖,訇然㉗中开。青冥浩荡㉘不见底,日月照耀金银台㉙。霓为衣兮风为马,云之君㉚兮纷纷而来下。虎鼓瑟兮鸾回车㉛,仙之人兮列如麻。忽魂悸㉜以魄动,恍㉝惊起而长嗟。惟觉时㉞之枕席,失向来㉟之烟霞。

世间行乐亦如此，古来万事东流水[36]。别君去兮何时还？且放白鹿[37]青崖[38]间。须[39]行即骑访名山。安能摧眉折腰[40]事权贵，使我不得开心颜？

注释

①天姥：天姥山，在浙江新昌东面。传说登山的人能听到仙人天姥唱歌的声音，山因此得名。

②海客：往来海上之人。

③瀛洲：古代传说中的东海三座仙山之一（另两座叫蓬莱和方丈）。

④烟涛：波涛渺茫，远看像烟雾笼罩的样子。

⑤微茫：景象模糊不清。

⑥信：确实，实在。

⑦越人：指浙江一带的人。

⑧语（yù）：名词用作动词，告诉的意思。

⑨明灭：忽明忽暗。

⑩或：有时。

⑪向天横：直插天空。横，直插。

⑫镜湖：又名鉴湖或庆湖，在浙江绍兴南面，因波平如镜而命名。

⑬剡（shàn）溪：水名，在浙江嵊（shèng）州南面。

⑭渌（lù）：清。

⑮谢公屐（jī）：谢灵运游山时特制的木屐。《南史·谢灵运传》记载：谢灵运游山，必到幽深高峻的地方；他备有一种特制的木屐，屐底装有活动的齿，上山时去掉前齿，下山时去掉后齿。木屐，以木板作底，上面有带子，形状像拖鞋。

⑯青云梯：指直上云霄的山路。

⑰半壁见海日：上到半山腰就看到从海上升起的太阳。

⑱天鸡：古代传说，东南有桃都山，山上有棵大树叫桃都，树枝绵延三千里，树上栖有天鸡，每当太阳初升，照到这棵树上，天鸡就叫起来，天下的鸡也都跟着它叫。

⑲暝（míng）：日落，天黑。

⑳殷岩泉：即“岩泉殷”。殷，这里用作动词，震响。

㉑栗、惊：使动用法，使……战栗，使……震惊。

㉒青青：黑沉沉的。
㉓澹澹：波浪起伏的样子。
㉔列缺：指闪电。
㉕洞天：仙人居住的洞府。
㉖扉：门扇。
㉗訇（hōng）然：形容声音很大。
㉘青冥浩荡：青冥，指天空。浩荡，广阔远大的样子。
㉙金银台：金银铸成的宫阙，传说中神仙所居宫阙皆以黄金白银筑成。郭璞《游仙诗》："神仙排云出，但见金银台。"
㉚云之君：云神，这里指从云中下降的神仙。
㉛鸾回车：鸾鸟驾着车。鸾，传说中的如凤凰一类的神鸟。回，旋转，运转。
㉜魂悸：心跳。
㉝恍：恍然，猛然。
㉞觉时：醒时。
㉟向来：原来。
㊱东流水：像东流的水一样一去不复返。
㊲白鹿：传说神仙或隐士多骑白鹿。
㊳青崖：青山。
㊴须：等待。
㊵摧眉折腰：低头弯腰，卑躬屈膝的样子。摧眉，即低眉。

古诗今读

　　往来海上的人谈起瀛洲，烟波渺茫实在难以寻求。越地人谈论起天姥山，有人在云雾忽明忽暗间可以看见。天姥山仿佛连接着天遮断了天空，山势高峻超过五岳，掩盖过赤城山。天台山虽高四万八千丈，面对着它好像要向东南倾斜拜倒一样。

　　我根据越人说的话梦游到吴越，一个夜晚飞渡过明月映照下的镜湖。镜湖上的月光照着我的影子，一直把我送到剡溪。谢灵运曾经住的地方如今还在，清澈的湖水荡漾，猿猴清啼。

　　我脚上穿着谢公当年特制的木鞋，攀登直上云霄的山路。走到半山腰就看见从海上升起的朝阳，在半空中传来天鸡报晓的叫声。无数山岩重叠，道路盘旋弯曲，方向不定，我迷恋着路边之花，依倚着大石头，不知不觉天色已晚。泉水发出有如熊在怒吼，龙在长鸣的声响，使深林战栗，使山峰惊颤，令人为之战栗。云层黑沉沉的，像是要下雨，水波动荡生起了层层烟雾。电光闪闪，雷声轰鸣，山峰好像要崩塌似的。突然，仙府的石门，"訇"的一声从中间打开。洞中蔚蓝的天空广阔无际，看不到尽头，日月照耀着金银做的宫阙。

赏析要点

这是一首记梦诗，也是一首游仙诗。诗以梦游的形式，抒写其对山水名胜和神仙世界的热烈向往，以及蔑视权贵的傲岸人格、追求自由自在的积极精神。全诗想象奇特，意境雄伟，感情奔放，具有浓烈的浪漫色彩；大胆运用夸张的手法来写想象中的事物，塑造想象中的形象。在夸张的描写中融会着诗人的感情。向来为人传诵，被视为李白的代表作之一。

这首诗固然有宣扬人生如梦，"古来万事东流水"的消极意味，但他的基调是昂扬振奋的。他的徜徉山水，求仙访道，是想用远离现实的方式来表示对权贵的抗争，是追求个性自由的一种体现。全诗有一种不卑不亢的气概流贯其间，并不给人消沉的感觉。"不事权贵"是全诗的主旨。

"海客谈瀛洲，烟涛微茫信难求；越人语天姥，云霞明灭或可睹。"诗一开始先说古代传说中的海外仙境——瀛洲，虚无缥缈，不可寻求；而现实中的天姥山在浮云彩霓中时隐时现，真是胜似仙境。以虚衬实，突出了天姥胜景，暗蕴着诗人对天姥山的向往，写得富有神奇色彩，引人入胜。

"天姥连天向天横，势拔五岳掩赤城。天台四万八千丈，对此欲倒东南倾。"浙东山水是李白青年时代就向往的地方，初出川时曾说"此行不为鲈鱼鲙，自爱名山入剡中"。入翰林前曾不止一次往游，他对这里的山水不但非常热爱，也是非常熟悉的。天姥山号称奇绝，是越东灵秀之地。但比之其他崇山峻岭如我国的五大名山——五岳，在人们心目中的地位仍有小巫见大巫之别。可是李白却在诗中夸说它"势拔五岳掩赤城"，比五岳还更挺拔。有名的天台山则倾斜着如拜倒在天姥的足下一样。这个天姥山，通过衬托、夸张的手法被写得耸立天外，直插云霄，巍巍然非同凡比。以上开头几句，写入梦的缘由。极言云霞明灭中天姥山的高大，引起诗人的探求欲望。

"我欲因之梦吴越，一夜飞度镜湖月。湖月照我影，送我至剡溪。谢公宿处今尚在，渌水荡漾清猿啼。脚著谢公屐，身登青云梯。"从"我欲因之梦吴越"句开始，诗人进入了梦境之中，诗人在月光照射下的镜湖上面飞行，明月把他的影子投在澄澈的镜湖水中，又送他降落在谢灵运当年曾经歇宿过的地方。他急切地穿上谢灵运当年特制的木屐，赶忙登上谢公当年曾经攀登过的石径——青云梯。"一夜飞度镜湖月"中可看出李白对登上天姥山的急切之情和对天姥山的喜爱之情。

"半壁见海日，空中闻天鸡。千岩万转路不定，迷花倚石忽已暝。熊咆龙吟殷岩泉，栗深林兮惊层巅。云青青兮欲雨，水澹澹兮生烟。"继飞渡而写登山中所见所闻所感：石径盘旋，深山中光线幽暗，看到海日在半山腰涌出，听到天鸡在空中高唱，这本是一片曙色；就在山花迷人、倚石暂憩之中，忽觉暮色降临，旦暮之变何其倏忽。暮色中熊咆龙吟，震响于山谷之间，深林为之战栗，层巅为之惊动。天气也急剧地变化，黑沉沉的云天像要下雨，蒙蒙的水面腾起烟雾。烟、水、青云都满含阴郁，与诗人的情感，协成一体，形成统一的氛围。

"列缺霹雳，丘峦崩摧。洞天石扉，訇然中开。青冥浩荡不见底，日月照耀金银台。霓为衣兮风为马，云之君兮纷纷而来下。虎鼓瑟兮鸾回车，仙之人兮列如麻。"突然间景象又发生了变化，梦境一步步接近高潮：在令人惊悚不已的幽深暮色之中，雷电大作，山崩地裂，只听轰隆一声，一个通往的神仙世界大门"訇然中开"。洞中青色透明的天空广阔无际，看不到尽头，日月照耀着金银做的宫阙。在诗人笔下，天门打开前后的景象大为不同，前者昏暗恍惚的景象和惊天动地的声响，就是为了衬托后者的一片光辉灿烂，壮丽非凡，在气势上形成一个波澜。随后，梦境达到了高潮，仙人出场了。神仙们穿着用彩虹做的衣裳，将风作为马来乘，个个奔赴仙山的盛会来了。老虎为他们弹奏着琴瑟，鸾鸟为他们驾着车，群仙好像列队迎接诗人的到来。金台、银台与日月交相辉映，景色壮丽，异彩缤纷，何等的惊心炫目，光耀夺人！这是多么盛大而热烈的场面。诗人幻想真是"天马行空"，无拘无束，任意奔驰。

"忽魂悸以魄动，恍惊起而长嗟。惟觉时之枕席，失向来之烟霞。世间行乐亦如此，古来万事东流水。别君去兮何时还？且放白鹿青崖间。须行即骑访名山。"可是，好景不长，仙境倏忽消失，梦境旋亦破灭，诗人终于在惊悸中返回现实。只感觉到冷冰冰的枕席，刚才盛大的场面，五彩的云霞全已消失不见，这巨大的反差，诗人不禁感慨"世界行乐亦如此，古来万事东流水"，其中包含着诗人对人生的几多失意和深沉的感慨。此时此刻诗人感到最能抚慰心灵的是"且放白鹿青崖间，须行即骑访名山"。徜徉山水的乐趣,才是最快意的。他认为世间万物不过是一场游仙的幻梦,还是骑着白鹿到名山去寻仙访道的好。这种对人生的伤感情绪和逃避现实的态度,表现出李白思想当中消极的一面。

最后两句"安能摧眉折腰事权贵,使我不得开心颜?"是千古名句,是这首诗的"诗眼",点明了这首诗的主旨。他直接倾吐了自己的心声,一吐长安以来的郁闷之气,改变了之前的消极意味,变得昂扬振奋,潇洒出尘,奠定了这首词的昂扬基调。在封建社会,等级森严,"君要臣死,臣不得不死",所有人才都摆脱不了依附封建王朝的屈辱地位,无所谓人的尊严。李白却继承了陶渊明"不为五斗米折腰"的优良传统,敢于向权贵挑战,与权贵决绝,蔑视权贵,而追求自己的个性自由。这是李白的高贵品格,也是他的伟大之处。

作者掠影

李白(701~762),唐代伟大的浪漫主义诗人,被后人誉为"诗仙"。字太白,号青莲居士,又号"谪仙人",后世将李白与杜甫并称为"李杜"。其人爽朗大方,爱饮酒作诗,喜交友。李白的诗以抒情为主,善于从民歌、神话中汲取营养素材,构成其特有的瑰丽绚烂的色彩,是屈原以后中国最为杰出的浪漫主义诗人,代表中国古典积极浪漫主义诗歌的新高峰。李白存世诗文千余篇,有《李太白集》传世。李白生活在盛唐时期,二十五岁时只身出蜀,开始了广泛漫游生活,天宝元年(742)李白被召至长安,供奉翰林,后因不能见容于权贵,在京仅两年半,就赐金放还而去,然后由高天师如贵道士授录济南(今山东省济南市)的道观紫极宫,成为一个真正的道士。其诗歌总体风格豪放俊逸,清新飘逸,气势磅礴,大气十足。它们既反映了时代的繁荣景象,也揭露了统治阶级的荒淫和腐败,表现出蔑视权贵,反抗传统束缚,追求自由和理想的积极精神,并具有浪漫主义精神。

延伸阅读

关于李白

郭沫若

读李白的诗使人感觉着:当他醉了的时候,是他最清醒的时候；当他没有醉的时候，是他最糊涂的时候。

唐代诗人李白，于武则天长安元年（701），出生在中央亚细亚的碎叶城。出处见范传正《唐左拾遗翰林学士李公新墓碑文》（唐代宗初年曾任命李白为左拾遗，于时李白已死）。新墓作于唐宪宗元和十二年（817），在李白死后五十五年。其文有云：公名白，字太白，其先陇西成纪人。绝嗣之家，难求谱牒。公之孙女搜于箱箧中，得公之亡子伯禽手疏十数行，纸坏字缺，不能详备，约而计之，凉武昭王九代孙也。隋末多难，一房被窜于碎叶。流离散落，隐易姓名。

考碎叶在唐代有两处：其一即中亚碎叶；又其一为焉耆碎叶。焉耆碎叶，其城为王方翼所筑，筑于高宗调露元年（679）。《碑文》既标明"隋末"，可见李白的生地是中亚碎叶，而非焉耆碎叶。中亚碎叶，玄奘《大唐西域记》中译作"素叶"。《记》云："（自凌山）山行四百余里至大清池（原注："或名热海，又谓咸海。"案即今之伊塞克湖。）……清池西北行五百余里至素叶水城，城周六七里，诸国商胡杂居也。"素叶水城即碎叶城为无疑。素叶水即碎叶水，《大清一统志》译作"吹河"，今译作"楚河"。城在碎叶水南岸，说者谓即托克马克，在现在的苏联哈萨克境内。隋唐时代为西突厥建牙之所，玄奘以贞观三年（629）见西突厥叶护可汗于此处（见《大慈恩寺三藏法师传》卷二）。可见中亚碎叶实为当时之一重镇。

李阳冰在《草堂集序》中所述李白家世大抵相同。《草堂集》是李白诗文集的初名。李白以唐代宗宝应元年（762）冬卧病于当涂，垂危，以诗文稿授其东道主县令李阳冰，请他作序。序中有云：李白字太白，陇西成纪人，凉武昭王暠九世孙。……中叶非罪，谪居条支。……神龙之始（705），逃归于蜀，复指李树而生伯阳。

李阳冰的说法必然出自李白的口授，但在这里碎叶却改为了"条支"。这是什么缘故呢？条支是一个区域更广的大专名，碎叶是一个城镇的小专名，碎叶是属于条支的。（选自郭沫若《李白与杜甫》）

考试链接

1. 从词类活用的角度看，下列各句加粗的词

与例句相同的一项是（　　）

例句：云青青兮欲**雨**

A. **栗**深林兮**惊**层巅

B. 半壁**见**海日，空中闻天鸡

C. 虎**鼓**瑟兮鸾回车

D. 别君去兮何时**还**

2.《梦游天姥吟留别》开篇两句"海客谈瀛洲，烟涛微茫信难求"，能不能删掉，改为开门见山的方式，如用"越有名山曰天姥，云霞明灭或可睹"开头？

3."天台四万八千丈，对此欲倒东南倾"在表现手法上有什么特点？这样写有什么好处？

编注者：常　娜

【参考答案】

1. C　例句名词用作动词，雨：下雨。A. 使动用法，栗：使……战栗，惊：使……吃惊；B. 动词的一般用法；C. 名词用作动词，鼓：弹奏；D. 动词的一般用法。

2. 不能。瀛洲是传说中的海上仙岛，已暗含寻仙的意思。诗人想寻仙，而瀛洲不可寻，这才转而寻天姥。有此两句，下面再写梦中所见仙府图景，才不会使人感到突然。

3. 这两句运用夸张手法反衬了天姥山的高大雄伟。好处是能使读者通过形象化的对比，感受更为深刻。

[明] 戴进 《三顾茅庐图》

蜀　相①

[唐] 杜甫

丞相祠堂②何处寻？锦官城③外柏森森④。

映阶碧草自⑤春色，隔叶黄鹂空⑥好音。

三顾⑦频烦天下计，两朝开⑧济⑨老臣心。

出师未捷身先死，长使英雄泪满襟。

注释

①蜀相：三国蜀汉丞相，指诸葛亮。
②丞相祠堂：即诸葛武侯祠，晋李雄初建，在成都昭烈庙西。
③锦官城：成都的别名。
④柏森森：柏树茂盛繁密的样子。
⑤自：徒自的。
⑥空：白白的。
⑦顾：拜访。
⑧开：开创。
⑨济：扶助。

古诗今读

何处去寻找武侯诸葛亮的祠堂？就在成都城外那柏树茂密的地方。

碧草照映台阶徒自显露春色，树间黄鹂空对婉转鸣唱。

先主刘备曾三顾茅庐亲自拜访，辅佐两朝忠诚满腔。

出师伐魏尚未成功，病死军中使历代英雄泪流衣裳！

赏析要点

《蜀相》是杜甫"初至成都时作"。唐肃宗乾元二年（759年）十二月，杜甫结束了颠沛流离的生活，来到成都，在朋友严武等人的资助下，定居在浣花溪畔。成都是当年蜀汉建都之地，城西北有武侯祠，即诸葛亮庙。唐肃宗上元元年（760年）春天，杜甫探访了武侯祠，写下了这首感人肺腑的千古绝唱。

"丞相祠堂何处寻？锦官城外柏森森。"全诗以问答起句，句式灵活，感情起伏不平。"丞相祠堂"开篇点题，表现了作者对诸葛亮的无限崇敬之情，同时显得无比亲切。"何处寻"，并不是到哪里去寻找的意思。诸葛亮历来受人民爱戴，其庙宇很容易找到。"寻"的妙处恰恰在于突出作者凭吊时的虔诚、执着、追切、景仰。"锦官城外柏森森"，交代武侯祠的方位和地点在成都城的郊外。"柏森森"突出描写了柏树的高大茂密、葱郁成荫，渲染出肃穆幽静的氛围。另外，此一句借柏树写蜀相，以物写人，柏树挺拔伟岸、苍劲不凋的形象特征更能使读者联想到诸葛亮忠诚、无私、奉献、坚韧等人格魅力。

第二联"映阶碧草自春色，隔叶黄鹂空好音"承接上一联，由远及近描绘所见所闻。"碧草""黄鹂"，冷暖色相互结合，色彩鲜明，画面感很强。老杜似乎很喜欢这样布置诗诗中之画，如"两个黄鹂鸣翠柳，一行白鹭上青天"（《绝句》）"桃花细逐杨花落，黄鸟时兼白鸟飞"（《曲江对酒》）"风含翠篠娟娟净，雨裛红蕖冉冉香"（《狂夫》）"江碧鸟逾白，山青花欲燃"（《绝句》）等。"春色""好音"分别通过视觉和听觉进行描摹，且静动相衬，自然恬淡，淋漓尽致地渲染出武侯祠的盎然春意。然而"春色""好音"前分别着以"自""空"，便有以乐景衬哀情之意。"映阶碧草"固然茂密，但给人的是一种国家破败的荒凉之感，如"国破山河在，城春草木深"（《春望》）"江雨霏霏江草齐，六朝如梦鸟空啼"（韦庄《台城》）"朱雀桥边野草花，乌衣巷口夕阳斜"（刘禹锡《乌衣巷》）"宜阳城下草萋萋，涧水东流复向西"（李华《春行即兴》）等，以碧草表现衰败是有写作原型的，可以追溯到《诗经》之《黍离》篇。黄鹂之声固然婉转，但无人欣赏，徒然鸣叫，这不能不使人联想到屈原用善禽比兴君子的表现方式，联想到老杜"致君尧舜上，再使风俗淳"的理想难以实现而生怀才不遇的牢骚。所以，此一联虽是写景，却尽是一番曲致寻味的情语！

第三联"三顾频烦天下计，两朝开济老臣心"浓墨重彩地概括了诸葛亮的一生。上句写蜀汉君臣之间的相互信任和欣赏：刘备三顾茅庐，诸葛亮隆中对策。诸葛亮预见魏蜀吴鼎足三分的政治前瞻，凸显了他的济世雄才；下句写蜀相的忠君爱国、济世扶危：辅弼刘备开创蜀汉，匡扶刘禅北定中原。两句寥寥十四个字，一个为国呕心沥血的贤相形象便跃然于纸上。怀古实质是为了伤今。杜甫有大济于苍生的雄图伟志，但他仕途坎坷，抱负无法施展，尤其是写这首诗的时候，安史之乱尚未结束，国家动荡，人民生于水火之间，向来许身稷与契、忧国忧民的作者怎能不忧心如焚？他渴望能有忠臣贤相匡扶社稷，重整河山，恢复国家的安定与统一。正是这种忧患意识凝聚成诗人对诸葛亮的钦慕崇敬之情。诗人借开创基业、挽救时局的蜀相寄托自己对国家命运的美好期盼。同时，忠君爱国的蜀相和杜甫形成正面衬托，身当恩遇的蜀相和无人欣赏的杜甫形成反面衬托。

"出师未捷身先死，长使英雄泪满襟"作为诗的最后一联，深情咏叹了蜀相病死岐山、功业未竟的历史不幸。这种"鞠躬尽瘁，死而后已"的人生实践使无数英雄扼腕，这个赍志以殁的悲剧性结局使后来人不住欷歔，这位古代杰出政治家的精神境界亦臻于升华。英雄的悲剧只有英雄能体会到其中的崇高与悲凉。然"英雄"何者也？周汝昌先生认为莫作"跃马横枪""拿刀动斧"之类的简单解释！而杜甫一生可比诸葛，志在匡国，亦是英雄人也。天下后世，凡读《蜀相》篇，无不感慨系之！所以"泪满襟"就是千古之泪了，不仅是诸葛亮的，杜子美的，更是指千古的仁人志士，为国为民、大智大勇者。

作者掠影

杜甫（712~770），唐代伟大的现实主义诗人，与李白合称"李杜"。字子美，河南巩县人。自号少陵野老，杜甫在中国古典诗歌中的影响非常深远，被后人称为"诗圣"，他的诗被称为"诗史"。后世称其杜拾遗、杜工部，也称他杜少陵、杜草堂。

天宝三年（744年）四月，杜甫在洛阳与被唐玄宗赐金放还的李白相遇，两人相约同游梁、宋（今河南开封、商丘一带）。天宝七年（748年）秋，结束了漫游吴越、齐赵的"裘马颇清狂"的生活，来到长安。客居长安十年，奔走献赋，郁郁不得志。

天宝十四年（755年），杜甫被授予河西尉，后改任右卫率府兵曹参军（低阶官职，负责看守兵甲器杖，管理门禁锁钥）。天宝十四年（755年）十一月，安史之乱爆发，第二年八月杜甫只身北上，投奔灵武，途中不幸为叛军俘虏，押至长安。至德二年（757年）四月，杜甫逃出长安来到凤翔（今陕西宝鸡）投奔肃宗，被授为左拾遗，故世称"杜拾遗"。后因营救房琯，触怒肃宗，被贬华州（今华县）。

乾元元年（758年）六月被贬为华州司功参军。乾元二年（759年）秋，杜甫西去秦州（今甘肃省天水一带）后几经辗转，最后到了成都，在严武等人的帮助下，在城西浣花溪畔，建成了一座草堂，世称"杜甫草堂"，也称"浣花草堂"。后被严武荐为节都，全家寄居在四川奉节县。广德二年（764年）春，严武再镇蜀，杜甫又回草堂，严武表荐杜甫为检校工部员外郎，后人又称杜甫为杜工部。

广德三年（765年）四月，严武去世，杜甫离开了成都。经嘉州、戎州（宜宾）、渝州（重庆）、忠州（忠县）、云安（云阳），于唐代宗大历元年（766年）到达夔州（奉节）。大历三年（768年），杜甫思乡心切，乘舟出峡，先到江陵，又转公安，年底又漂泊到湖南岳阳。大历五年（770年）冬，杜甫在由潭州往岳阳的一条小船上去世，时年五十九岁。

延伸阅读

杜甫的诸葛亮情结

王琳琨　王占学

杜甫是唐代最享盛名的诗人之一，他对诸葛亮的热爱使后来的许多诗人对诸葛亮推崇备至、引为同调；当然也影响了《三国演义》的作者。在《三国演义》写到诸葛亮逝世时，作者就直接引用了杜甫的三首诗，对诸葛亮的一生大加赞扬；罗贯中等人与杜甫可谓心心相印！

"杜甫对诸葛亮可谓倾心仰慕，一往情深。这在唐代诗人中，找不出第二个。"（《三国演义纵横谈》）需要补充的是：除了仰慕之外，杜甫的诗中还流露出对于诸葛亮悲剧结局的无限哀婉与惆怅。"伯仲之间见伊吕，指挥若定失萧曹"，诸葛亮的才干固堪与古代著名贤臣伊尹、吕尚并驾齐驱，而远在汉代开国元勋萧何、曹参之上，真可谓古今罕有其匹。然而,"出师未捷身先死",严峻的事实是:他毕竟没有完成恢复汉室,统一中国的大业,抱憾终身地死去了!

杜甫在思索:这是什么原因呢?"运移汉祚终难复,志决身歼军务劳",大约就是杜甫的答案。毛宗岗解此二句诗道得好:"此缘汉祚之已改,非军务之或疏也。运虽移而志则决,'身,即所云'鞠躬','劳即所云'尽瘁','歼'即所云'死而后已','终难复'即所云'成败利钝,非臣逆睹也'。'终'字妙,包得前后拜表、六出祁山,无数心力在内。前解慕其大名不朽,后解惜其大功不成。慕是十分慕,惜是十分惜。"(《三国演义》一百五回夹批)由对诸葛亮的"十分慕"到"十分惜",正透露了杜甫对于诸葛亮这人物的悲剧性的深刻了解。在现存的杜甫诗集里面,竟有二十多首诗吟咏或提到诸葛亮;可谓倾心仰慕,在唐代诗人中找不出第二个。这当然与作者所处的时代以及特殊经历分不开。

尽管诸葛亮是一位悲剧性的英雄,但他那"鞠躬尽瘁,死而后已"的精神是值得崇敬的!"赋诗独流涕,乱世想贤才。"(《昔游》)"经纶中兴业,何代无长才?"(《述古》)杜甫多么希望且坚信有像诸葛亮这样的经国重臣出现。他说:"诸葛蜀人爱,文翁儒化成。"(《八哀诗——赠左仆射郑国公严公武》)这是从蜀人热爱诸葛亮中产生的共鸣。

杜甫赞扬和向往诸葛亮的另一个原因是——希望自己也能像他一样,得遇贤君明主,从而一展才华建功立业。

杜甫在年轻时就胸怀大志,但仕途坎坷最后才得到个"左拾遗"的闲职;入川之后,生活更要仰仗他人报国无门。难怪他感慨道:"自古圣贤多薄命,奸雄恶少反封侯。"(《锦树行》)"君臣当共济,贤圣亦同时。翊戴归先主,并吞更出师。"(《诸葛庙》)四川许多地方都有诸葛亮的祠庙,杜甫经常入祠凭吊;不是发思古之幽情,而是寄托自己的郁愤胸怀。刘备君臣的和衷共济鱼水情深,在他所处的时代是找不到的。"武侯祠堂不可忘,中有松柏参天长。干戈满地客愁破,云日如火炎天凉。"(《夔州歌十绝句——长年》)他得到的只是冷遇凄凉,面对"干戈满地"的现实无所作为,只能作客他乡愁肠百转。因此,杜甫自然把诸葛亮引为知己、视作楷模。

考试链接

1. 开头两句对郁郁葱葱的翠柏的描写起什么作用?
2. 颔联中哪两个字用得最好,试分析。
3. 颈联写诸葛亮的业绩,尾联写诸葛亮的遗恨,这两联写出了作者怀吊诸葛亮时产生的怎样的感触和情绪?

编注者:宋献普

【参考答案】

1. 作用有二:一是借"柏森森"写出武侯祠的历史悠久、寂寞荒凉;二是衬托诸葛亮的形象,表达了诗人对诸葛亮的崇敬之情。
2. "自"和"空"最好。这两个字巧妙地衬托了祠堂的荒凉冷落,碧草映阶,足见草深,茂盛的草独自欣赏春色,表明祠堂缺人管理和修葺,游人也很少来这里。黄鹂隔叶,足见树茂;黄鹂空作好音,无人欣赏。一"空"一"自"足以表明后人已把武侯呕心沥血缔造的一切遗忘,同时还含有碧草与黄鹂并不理解人事的变迁和朝代的更替这层意思。这两个字使颔联含意更加丰富。
3. 一方面是仰慕诸葛亮非凡的才干和功业,有自叹不如的感慨。另一方面则想到英雄尚且有事业未竟者,何况自己呢?以此聊以解嘲,聊以自慰。

[清] 龚贤 《岳阳楼图轴》

登岳阳楼[1]

[唐] 杜甫

昔闻洞庭水[2],今上岳阳楼。
吴楚[3]东南坼[4],乾坤[5]日夜浮。
亲朋无一字[6],老病[7]有孤舟[8]。
戎马关山北[9],凭轩[10]涕泗[11]流。

注释

[1] 岳阳楼:即湖南岳阳城西门楼,是我国三大名楼之一(其余两个是黄鹤楼、鹳雀楼),下瞰洞庭,视野广阔。唐开元四年,中书令张说任职此州,常与才士登楼赋诗,遂使之声名骤增,成为天下文化名楼。

[2] 洞庭水:即洞庭湖,在今湖南北部,长江南岸,是中国第二淡水湖。

[3] 吴楚:春秋时代的吴国和楚国。今湖北、湖南及安徽、江西的部分地区古属楚地;今江苏、浙江及江西的部分地区古属吴国。

[4] 坼(chè):分裂,这里引申为划分。

[5] 乾坤:天地,此指日月星辰。

[6] 无一字:音信全无。字,指书信。

[7] 老病:年老多病,杜甫时年五十七岁,身患肺病、风痹,右耳已聋。

[8] 有孤舟:只有一只孤零零的船伴随着自己。杜甫生平的最后三年里大部分时间是在船上度过的,因此这样说。

[9] 戎马关山北:北方边关战事又起。大历三年八月,吐蕃以十万人进攻灵武(今宁夏中卫以北),以两万人进攻邠州(今陕西旬邑西)。戎马,军马,借指战争。

⑩凭轩：靠着窗户。
⑪涕泗：眼泪和鼻涕，偏义复词，即眼泪。

古诗今读

过去很早就听过闻名遐迩的洞庭湖，今日有幸登上这湖边的岳阳楼。

湖水浩瀚把吴楚东南隔开，日月星辰昼夜都漂浮在洞庭湖上。

亲人朋友没有一点音信，年老多病，只有孤零零的一只小船伴随着自己。

北方边关战事又起，我依着楼窗远眺，禁不住泪流满面。

赏析要点

《登岳阳楼》是杜甫诗中的五律名篇，前人称为盛唐五律第一。这首诗是一首即景抒情之作，诗人在作品中描绘了岳阳楼的壮观景象，反映了诗人晚年生活的不幸，抒发了诗人忧国忧民的情怀。

此诗是杜甫在唐代宗大历三年（768）冬，由湖北的江陵、公安漂泊到湖南的岳阳，独自登上神往已久的岳阳楼，凭轩远眺，面对烟波浩渺、壮阔无垠的洞庭湖，诗人发出由衷的礼赞；继而想到自己晚年漂泊无定，国家多灾多难，又不免感慨万千，于是挥笔写下这首蕴含着浩然胸怀和博大痛苦的名篇。

诗歌首联写终登岳阳楼之复杂感情，为全诗浩大的气势奠定了基础。上下两句为对句，开门见山，雄浑有力。诗人借"昔""今"二字展开思路，虚实对照，拉开时间的距离，未曾填之以"喜"或"悲"，留给读者以想象和回味的空间。古人说"律诗之妙全在无字处"，此处即为无字之处。杜甫少时就有壮游名山大川的雄心，曾先东游吴越，后北游齐赵。岳阳楼是千古名胜，诗人对其向往已久，无奈战乱频仍，身世飘零，难以如愿。今日流落至此，方得以一饱眼福。诗人此时百感交集，有能一睹胜景的喜悦，但更多的是早年抱负未能实现和忧国忧民、伤时伤世的感慨。

颔联写登楼所见。洞庭湖水茫茫一片，浩瀚无际，意境阔大，景色宏伟奇丽。一个"坼"字，极富动态感，仿佛湖水在延伸，大地被切割开来。"日夜浮"三字，下得深沉，寓情于景，隐含自己长期漂泊无归的感情。"浮"字亦有动态感，仿佛整个苍穹都是被湖水托住的一个半球，而万物的运动，都是湖水荡动的结果。此两句境界宏阔，宋代刘辰翁说，此联"气压百代，为五言雄浑之绝"。

颈联写诗人自己政治生活坎坷，漂泊天涯，怀才不遇的苦闷心情。诗人此时年老多病，以舟为家，远离亲友，流落在外，其凄凉之境、哀痛之心、愤怨之情，不言自明。"无一字"写出了诗人的孤苦，既有亲友远离或逝去的伤感，又有一种被社会忘记的孤独感，精神上非常苦闷。"老病"，既老且病，前途茫茫，何处安身。"孤舟"是指诗人在一条小船上漂泊度日，杜甫时年五十七岁，全家人住在一条小船上，四处漂泊。此时，他身体衰弱不堪——右臂偏枯，耳朵失聪，还患有慢性肺病。自叙如此落寞，于诗境极苦闷极狭窄的突变与对照中寄寓无限情意。

尾联诗人把个人命运和国家前途联系在一起，意境深远，余韵无穷。诗人从洞庭湖向长安望去，隔着数重关山，想到北方战事又起，国家动荡不安，自己报国无门，内心无限哀伤。上下句之间留有空白，引人联想。"戎马关山北"与颔联的宏奇伟丽气象上下衬托，十分相称。"凭轩涕泗流"与诗的开头"今""昔"二字是照应的。诗人昔日远大抱负全成泡影，天下至今兵荒马乱，因而只有老泪纵横了。诗人身在洞庭，心在长安，衰老多病的身躯里跳动着的是那颗永远忧国忧民的火热心脏！

作者掠影

杜甫（712～770），唐代伟大的现实主义诗人，与李白合称"李杜"。字子美，自号少陵野老。祖籍襄阳，河南巩县（今河南省巩义）人。为了与另两位诗人李商隐与杜牧即"小李杜"区别，杜甫与李白又合称"大李杜"，杜甫也常被称为"老杜"。杜甫出身于京兆杜氏，乃北方的大士族。其远祖为汉武帝有名的酷吏杜周，祖父杜审言。杜甫与唐代另一大诗人即"小李杜"的杜牧同为晋代大学者、名将杜预之后。

杜甫在中国古典诗歌中的影响非常深远，被后人称为"诗圣"，他的诗被称为"诗史"。后世称其杜拾遗、杜工部，也称他杜少陵、杜草堂。杜甫创作了《春望》《北征》、"三吏"、"三别"等名作。759年杜甫弃官入川，虽然躲避了战乱，生活相对安定，但仍然心系苍生，胸怀国事。虽然杜甫是个现实主义诗人，但他也有狂放不羁的一面，从其名作《饮中八仙歌》不难看出杜甫的豪气干云。杜甫的思想核心是儒家的仁政思想，他有"致君尧舜上，再使风俗淳"的宏伟抱负。杜甫虽然在世时名声并不显赫，但后来声名远播，对中国文学和日本文学都产生了深远的影响。杜甫共有约 1500 首诗歌被保留了下来，大多集于《杜工部集》。杜甫诗风多变，但总体来看，可以概括为沉郁顿挫。其中律诗成就最大，他不仅扩大了律诗的表现范围，还把这种体式写得浑融流转，无迹可寻，写来若不经意，使人忘其为律诗。

延伸阅读

杜甫暮年生活穷困潦倒，病痛缠身，客居天涯，心情沉郁，但尽管他个人遭遇了种种不幸，仍时时忧国忧民，心怀天下。

阁夜

杜甫（唐）

岁暮阴阳催短景，天涯霜雪霁寒宵。
五更鼓角声悲壮，三峡星河影动摇。
野哭几家闻战伐，夷歌数处起渔樵。
卧龙跃马终黄土，人事音书漫寂寥。

《阁夜》为《登岳阳楼》同时期作品，是杜甫律诗中的典范作品。这首诗是公元 766 年（大历元年）冬杜甫寓居夔州西阁时所作。当时西川军阀混战，连年不息；吐蕃也不断侵袭蜀地。而杜甫的好友李白、严武、高适等都先后死去。感时忆旧，他写了这首诗，表现出异常沉重的心情。杜甫流寓于荒僻的山城，面对峡江壮丽的夜景，听到悲壮的鼓角声，因而感慨万千。由眼前的情景想到国家的战乱，由历史人物想到自己的境遇，并力图在内心超越这些人生的感慨。诗中虽有悲凉哀伤之情，却亦有壮情和超然之意。

全诗写冬夜景色，有伤乱思乡之意。首联点明冬夜寒怆；颔联写夜中所闻所见；颈联写拂晓所闻；末联写极目武侯、白帝两庙而引出的感慨。

开首二句点明时间。岁暮，指冬季；阴阳，指日月；短景，指冬天日短。一"催"字，形象地说明夜长昼短，使人觉得光阴荏苒，岁月逼人。次句天涯，指夔州，又有沦落天涯之意。在霜雪刚停的寒冬夜晚，雪光明朗如昼，诗人对着凄凉寒怆的夜景，不由感慨万千。

"五更"二句，承次句"寒宵"，写出了夜中所闻所见。上句鼓角，指古代军中用以报时和发号施令的鼓声、号角声。晴朗的夜空,鼓角声分外响亮,正是五更天快亮的时候,诗人忧愁难眠,那声音更显得悲壮感人。这就从侧面烘托出夔州一带也不太平,黎明前军队已在加紧活动。诗人用"鼓角"二字点示,再和"五更""声悲壮"等词语结合,兵革未息、战争频仍的气氛就自然地传达出来了。下句说雨后天空无尘,天上银河显得格外澄澈,群星参差,映照峡江,星影在湍急的江流中摇曳不定。景色是够美的。前人赞扬此联写得"伟丽"。它的妙处在于:通过对句,诗人把他对时局的深切关怀和三峡夜深美景的欣赏,有声有色地表现出来,诗句气势苍凉恢廓,音调铿锵悦耳,辞采清丽夺目,"伟丽"中深蕴着诗人悲壮深沉的情怀。

"野哭"二句,写拂晓前所闻。一闻战伐之事,就立即引起千家的恸哭,哭声传彻四野,景象凄惨。夷歌,指四川境内少数民族的歌谣。夔州是民族杂居之地。杜甫客居此地,渔夫樵子不时在深夜传来"夷歌"之声。"数处"指不只一处。这两句把偏远的夔州的典型环境刻画得很真实:"野哭"、"夷歌",一个富有时代感,一个具有地方性。对这位忧国忧民的伟大诗人来说,这两种声音都使他倍感悲伤。

"卧龙"二句,诗人极目远望夔州西郊的武侯庙和东南的白帝庙,而引出无限感慨。卧龙,指诸葛亮。跃马,化用左思《蜀都赋》"公孙跃马而称帝"句,意指公孙述在西汉末乘乱据蜀称帝。杜甫曾屡次咏到他:"公孙初据险,跃马意何长?"(《白帝城》)"勇略今何在?当年亦壮哉!"(《上白帝城二首》)。一世之雄,都成了黄土中的枯骨。末尾一句说,人事与音书,如今都只好任其寂寞了。结尾二句,流露出诗人极为忧愤感伤的情绪。像诸葛亮、公孙述这样的历史人物,不论是贤是愚,都同归于尽了。现实生活中,征戍、诛掠更造成广大人民天天都有死亡,作者眼前这点寂寥孤独,根本算不了什么。这话看似自慰之词,实际上却充分反映出诗人感情上的矛盾与苦恼。"志士幽人莫怨嗟,古来材大难为用!"(《古柏行》)"英雄余事业,衰迈久风尘。"(《上白帝城二首》)这些诗句正好传达出诗中某些未尽之意。前人认为此诗"意中言外,怆然有无穷之思",是颇有见地的。

此诗向来被誉为杜甫律诗中的典范性作品。诗人围绕题目,从几个重要侧面抒写夜宿西阁的所见所闻所感,从寒宵雪雾写到五更鼓角,从天空星河写到江上洪波,从山川形胜写到战乱人事,从当前现实写到千年往迹。气象雄阔,有上天下地、俯仰古今之概。明代胡应麟称赞此诗:"气象雄盖宇宙,法律细入毫芒",并说它是七言律诗的"千秋鼻祖",是很有道理的。

考试连接

1. 下列对《登岳阳楼》内容理解和赏析不正确的两项是（　　）

A. 首联是对句,在这平平的叙述中,寄寓着漂泊天涯,怀才不遇,沧海桑田等许许多多的感触。

B. 颔联写洞庭湖的浩渺无边。洞庭湖圻吴楚,浮日月,波浪掀天,渺茫无际。写景如此壮阔,令人玩索不尽。

C. 颈联写政治生活坎坷,漂泊天涯,怀才不遇的心情,于诗境极闷极狭的突变和对照中寓无限情意。但从整体看,与全诗联系不紧。

D. 尾联写眼望国家动荡不安,自己报国无门的哀伤。上下句之间留有空白,引人联想。"凭轩"与"今上"首尾呼应。

E. 整首诗对所见景物进行精微描写,善于从小处落笔,注重局部事物的形象化,着力创造诗的细节意境,含蓄细腻地展露心扉。

2. 岳阳楼上有一副对联:"四面湖山归眼底,万家忧乐到心头。"请结合诗歌谈谈杜甫有哪些"忧"?

编注者：钟晓东

【参考答案】
1. CE　C "与全诗联系不紧"有误；E 全诗纯用赋法,从头到尾都是叙述的笔调,不是描写。
2. "亲朋无一字",为亲朋好友杳无音信而忧；"老病有孤舟",为自己年老多病而忧；"戎马关山北,凭轩涕泗流",为战事不断,国家衰亡而忧。

[清] 苏六朋 《仕女图》

李凭①箜篌②引③

[唐] 李贺

扫一扫，听朗读

吴丝蜀桐④张⑤高秋，空山⑥凝云颓不流。

江娥啼竹⑦素女⑧愁，李凭中国⑨弹箜篌。

昆山玉碎凤凰叫⑩，芙蓉泣露香兰笑⑪。

十二门⑫前融冷光，二十三丝⑬动紫皇⑭。

女娲⑮炼石补天处，石破天惊逗秋雨⑯。

梦入神山教神妪⑰，老鱼跳波⑱瘦蛟舞。

吴质⑲不眠倚桂树，露脚⑳斜飞湿寒兔。

注释

①李凭：唐时梨园艺人，因善弹箜篌，名噪一时，时人赞曰"天子一日一回见，王侯将相立马迎"。
②箜篌（kōng hóu）：古代弦乐器，"出自西域"，音域宽广，音色柔美清澈，表现力强。形制多样，有卧箜篌、竖箜篌、凤首箜篌等，古代一般用于宫廷雅乐，民间少闻，后失传。今人依古籍研制出各式箜篌，用于大型民族管弦乐队。
③引：一种古代诗歌体裁，篇幅较长，音节、格律自由，形式有五言、七言、杂言。
④吴丝蜀桐：吴地之丝，蜀地之桐。指制作箜篌的材料精美。
⑤张：调好弦，准备演奏。
⑥空山：《列子·汤问》"秦青弗止，饯于郊衢，抚

节悲歌,声振林木,响遏行云。"这里是说山中的行云听到箜篌乐声而凝滞不动了。

⑦江娥啼竹:亦作"湘娥",指舜崩,娥皇、女英二妃啼,泪下沾竹,竹尽斑。

⑧素女:传说中的神女。善弹五十弦瑟。

⑨中国:国都,京城。

⑩昆山玉碎凤凰叫:昆仑玉碎,形容乐音清脆。凤凰叫,形容乐音和缓。

⑪芙蓉泣露香兰笑:形容乐声时而低回凄怨,时而轻快。

⑫十二门:长安城东西南北各三门,共十二门。这里指清冷的乐声使人觉得长安城浸融在寒光之中。

⑬二十三丝:这里指箜篌,据言:"竖箜篌,体曲而长,二十三弦,竖抱于怀中,用两手齐奏。"

⑭紫皇:道教称天上最尊的神为"紫皇"。可指皇帝。

⑮女娲:上古之神,人首蛇身,为伏羲之妹,有炼五色石补天的神话传说。

⑯石破天惊逗秋雨:补天的五色石被乐音震破,引来了一场秋雨。逗,引。

⑰神妪(yù):《搜神记》载:"有妪号成夫人。夫人好音乐,能弹箜篌,闻人弦歌,辄便起舞。"意即李凭技艺高超,惊动仙界,梦幻般教神仙成夫人箜篌绝技。

⑱老鱼跳波:鱼随着乐声跳跃。

⑲吴质:即吴刚。《酉阳杂俎》卷一:"旧言月中有桂,有蟾蜍。故异书言月桂高五百丈,下有一人常斫之,树创随合。人姓吴名刚,西河人,学仙有过,谪令伐树。"

⑳露脚:露珠下滴的形象说法。

古诗今读

秋高气爽,深远的天幕下,悠扬动听的箜篌乐音响遏行云,在空山里久久回荡,摄人心魄。凝眸而视,耳畔这美妙的乐声正源自那萃集吴丝蜀桐之妙、华丽耀眼的箜篌。

在国都演奏箜篌的正是李凭。那乐音哀婉,湘娥闻听,泪洒斑竹,素女听罢,满面愁容。那乐音清脆,如昆仑山美玉骤碎,凤凰啼鸣。那乐音多变,时而如芙蓉悲泣,泪化露珠;时而如香兰欢笑,摇曳生姿。

箜篌那二十三根琴弦在李凭的高弹轻拨中,穿越宫廷,直达长安城十二门前,仿佛要消融了那清冷的月光。接着直上云霄,打动天帝。继而冲上女娲炼石之处，震落五彩石，引来了一场绵绵秋雨。又像是进入天上神山，向神妪传授演奏技艺。听了这箜篌乐音，衰老羸弱的鱼不由自主从波中跃起，瘦弱不堪的蛟龙翩翩起舞，月宫中吴刚倚靠桂树、彻夜难眠，蟾宫玉兔伫立凝听，竟没能察觉到露珠斜飞寒气逼人！

赏析要点

唐代诗人李贺的《李凭箜篌引》被后人赞誉"摹写声音之至文"，与白居易的《琵琶行》、韩愈的《听颖师弹琴》一起成为千古佳作，描摹乐音，出神入化；抒发情感，酣畅淋漓。

李凭是名噪一时的箜篌国手，有诗赞其："天子一日一回见，王侯将相立马迎"，可见其红极一时，尊崇之高。幸运的是，这样一位艺人与才华横溢、郁郁不得志的李贺知音相交，其箜篌乐音得以借文字之衣穿越古今，回响在世人耳畔。其实，当时盛赞他技艺高超的诗作不少，但如李贺这般让人牢牢记住"李凭"二字的却屈指可数。

整首诗意象繁复，奇异诡谲，格律自由，情感隐晦，描写手法丰富，极具艺术感染力。诗歌一共七联十四句，却四次换韵，必须注意到韵脚的转换与情感表达的微妙联系。

诗的前四句押"尤"韵，给人悠长幽远、凄怆空灵之感。开头第一句先近景特写箜篌的华丽精良：吴地之丝，蜀地之桐制作而成，真实可感，耐人寻味，读者还没来得及品咂，乐音便奏响了，将听众的视线引向辽远的高空，诗人运用夸张的手法写天上自在的行云被乐音吸引，凝滞不前，驻足倾听，侧面烘托乐音的美妙动听，亦实亦虚，令人神往。第三句更是神来之笔，极具艺术的想象力与夸张力，神女湘娥与琴技高超的素女闻音，亦愁情满怀，深受感染。让人不禁对这摄人心魄的乐音产生了无穷的好奇心。接着第四句，诗人便满足读者的好奇心，和盘托出演奏者姓名、演奏地点、主要事件，简洁平实的叙述中却让人感受到了诗人的乐曲及演奏者的盛赞。

六句押"啸"韵，给人高亢响亮、酣畅恣意之感。诗人开始正面摹写乐声，以昆山玉碎、凤凰鸣叫之声来摹写乐音的清脆动听，想象芙蓉泣露、香兰欢笑的形象来摹写乐音的悲喜情绪，但这样的乐音情绪解读却又似乎过于简单，昆山之玉，何其珍贵，碎裂之声再清脆，总让人有心碎之感，生出痛惜之情；凤凰神鸟，何其高贵，高声鸣叫有失其雅，其鸣叫之音又有几人听过，说得清呢；芙蓉高洁，出淤泥而不染，哭泣之形让悲抑之情因不解而更加伤绝；香兰清高，幽居乡野，静默沉寂，何以笑得欢快？诗人的神来之笔让读者不仅可以耳闻乐音，更可以目睹乐音，其通感艺术手法的运用大大加深了读者的感受。但用这四种至美的事物进行奇异的演绎，总让人感受到一种悲痛抑郁、笑嘲人生的凄凉幽怨。

七、八句押"阳"韵，语调激昂，写长安城十二门前的冷气寒光，与箜篌乐声交融，运用环境烘托的手法写乐音的凄美动人，并用夸张的艺术手法写及乐曲打动天帝，把诗歌的意境由地宇扩展到天寰。

九句到十四句押"遇"韵，节奏明快、错落有致。诗人把读者带到一个神奇辽阔广、瑰怪奇丽的仙界，运用夸张的想象写乐音之美，可以震落女娲补天的七彩石，引来漫天秋雨；可以引得神山的神妪想向李凭拜师学艺；引得衰弱老鱼、羸瘦蛟龙跳跃起舞；让月宫的吴刚斜倚桂树，难以入眠；让寒蟾驻足静听，不能觉察寒露的侵扰。一连串的神话意象激活了读者的艺术想象空间，再一次感受到了诗人的那极其明显的绝望之情。女娲补天之石，旨在救万民苍生，乐音却要将它击破，诗人莫不是有不平之气难诉人间？老鱼瘦蛟，形象并不美丽，更加上翩翩起舞，更会怪诞，莫不是有生之年有不甘之心？吴质难眠，寒兔失神，愁苦抑郁之情更为浓郁，让人难以自拔。是什么，让年仅二十多岁的诗人产生这样的情绪？

其实，结合李贺的生平背景，我们便不难理解，作为皇室后裔，李贺也曾有青云之志，欲报效国家，但考取功名的路上却因避父名讳失去资格，最终为谋生应了"奉礼郎"小官，管些朝廷的不甚要紧的丧葬祭礼，抑郁不得志，年仅二十七岁便因病去世，可悲可叹。

诗中那华丽高贵的箜篌，那高贵的昆山玉、凤凰神鸟，那圣洁的芙蓉、香兰，那补天之石……正是用来自喻满怀抱负、品行高洁但遇到不公正待遇的诗人，李贺的悲戚抑郁之气借着乐音尽情宣泄，感天动地。

总之,对现实的绝望之情缔造了一个想象奇谲的诗人,也许,只有这些鬼怪浪漫的艺术形象可以慰藉一颗孤寂悲愤的心。

作者掠影

李贺(790~816),中唐诗人。字长吉,福昌(今河南宜阳西)人,有"诗鬼"之称。据传为唐皇室远宗后裔,可惜家道没落,生活困顿。李贺才思聪颖,七岁能诗,才名远播。21岁时赴长安应进士举,却因妒才者举报其父名"李晋肃"与"进士"音同,应避讳,不得参加进士考试。李贺失去了考试资格,虽然当时韩愈作《读辩》为其申冤,但无济于事。后因生活所迫,谋得"奉礼郎"从九品小官,主管丧葬祭祀之事,抑郁寡欢,从职三年后因病辞职,二十七岁因病去世。

延伸阅读

李贺故里

唐代著名诗人李贺的故里在当今宜阳县三乡乡的昌谷。

宜阳三乡村东的连昌河源于陕县,自西北向东南穿谷而过,经洛宁县东北境入宜阳三乡,注入洛河,昌谷就在连昌河与洛河的汇合处,昌谷之名即以连昌河谷而得。旧《宜阳县志》载:"长吉(李贺)多才,栖息昌谷"。在李贺的诗歌中,有不少直接以昌谷为题的作品。据《南园十三首·其二》的"宫北田塍晓气酣"句,宫即连昌宫,为唐高宗显庆三年(658年)建,又有玉阳宫、兰昌宫之称。连昌宫的遗址,就在连昌河谷,李贺的故宅离连昌宫不远。西有"汉刹云山"(光武庙),南有女几山隔河相望,有名的五花寺塔矗立于连昌河西岸。当年的众多权贵名人,如武则天、唐玄宗、张九龄、岑参、韩愈、白居易、元稹、杜牧等,在这里都有吟咏唱和的诗文。

(出自董雁南的《梁启超爱国诗文选》)

考试链接

1. 下列诗句中加点字解释不当的一项是(　　)

A. 吴丝蜀桐张高秋——张:弹奏

B. 空山凝云颓不流——颓：崩塌

C. 十二门前融冷光——融：消融

D. 石破天惊逗秋雨——逗：引

2. 《李凭箜篌引》中"_____"两句，诗人用浪漫夸张的手法，写音响效果。长安城门前的冷气寒光，皇城仙府，全被箜篌声所消融。

3. 《李凭箜篌引》中以四样美好的事物描摹声音的句子是：_____。

4. 诗歌怎样表现李凭"箜篌"演奏的优美音乐？

编注者：陈进进

【参考答案】
1. B
2. 十二门前融冷光，二十三丝动紫皇
3. 昆山玉碎凤凰叫，芙蓉泣露香兰笑
4. ①主要运用侧面烘托手法，通过描摹音乐效果来衬托音乐本身。②运用化无形为有形的通感手法和夸张手法。③运用浪漫主义的创作方法，驰骋自由的想象力，通过瑰丽的神话世界来表现音乐的世界。

[清] 金农 《玉川先生煎茶图》

临安春雨初霁①

[宋]陆游

世味②年来薄似纱,谁令骑马客③京华④。
小楼一夜听春雨,深巷⑤明朝⑥卖杏花。
矮纸⑦斜行⑧闲作草⑨,晴窗⑩细乳⑪戏分茶⑫。
素衣⑬莫起风尘叹⑭,犹及清明可到家。

注释

①霁(jì):雨后或雪后转晴。
②世味:人世滋味,社会人情。
③客:客居。
④京华:京城之美称。因京城是文物、人才汇集之地,故称。
⑤深巷:很长的巷道。
⑥明朝(zhāo):明日早晨。
⑦矮纸:短纸、小纸。
⑧斜行:倾斜的行列。
⑨草:指草书。
⑩晴窗:明亮的窗户。
⑪细乳:沏茶时水面呈白色的小泡沫。
⑫分茶:宋元时煎茶之法。注汤后用箸搅茶乳,使汤水波纹幻变成种种形状。
⑬素衣:原指白色的衣服,这里用作代称。是人对自己的谦称(类似于"素士")。
⑭风尘叹:因风尘而叹息。暗指不必担心京城的不良风气会污染自己的品质。

古诗今读

近年来做官的兴味淡淡的像一层薄纱,谁又让我乘马来到京都做客，沾染繁华？

住在小楼听尽了一夜的春雨淅沥滴答，清早会听到小巷深处在一声声叫卖杏花。

铺开小纸从容地斜写行行草草，字字有章法，晴日窗前细细地煮水、沏茶、撇沫，试着品名茶。

呵，不要叹息那京都的尘土会弄脏洁白的衣衫，清明时节还来得及回到镜湖边的山阴故家。

赏析要点

这首诗的情感表达方式是统一中又富有变化。首联以"纱"喻"世味"，用问句自我解嘲，诗意横生，颇堪玩味。"世味年来薄似纱"，应是由衷感慨，既然如此，又何以要来这世味官情薄到极点的繁华京都呢？"谁令骑马客京华"，虽然是问，但了解陆游的人自然都明白这个"谁"表面是指那个能定国家乾坤、掌众生命运的皇帝，实际当然是指陆游自己那颗"上马击狂胡，下马草军书"的心。这颗热心历经宦海沉浮、饱尝人情暖凉，至此并未冷却，只是包裹得更严实，不想在此明露。所谓静水流深，用情越深，表现出来的便越是轻描淡写。

颔联中，孤寂的小楼、静卧的诗人、淅沥的春雨声，多富有诗意的画面组合，然而以"一夜"统之，便给看似唯美的画面笼罩了一层浓浓的忧思况味，画面的质感增加了，诗意美自然也带上了诗人特有的情感特征、身份标签。连绵不绝的春雨，时间和空间的无限延伸都是抒情主人公饱经忧患而难以平静心情的一个形象化的表达。淅淅沥沥、不绝于耳的雨声，衬托了夜的暗静，夜的暗静又反衬了诗人如夜般无边无际、如雨声般难弃难绝的愁思，而这夜何尝又不是现实的写照呢！画面、声音、情感互为依托，共臻妙境，且不露痕迹，手法之高，可谓绝矣！一夜无眠，除听雨神伤外，总还得想想别的，夜尽雨停后是怎样一番景致呢？雨后的清晨，仅空气的清新一项，想想都让人无比陶醉，何况是江南，何况是幽深的小巷，更何况还有叫卖杏花的吴侬软语，哎呀呀，这次第，怎一个"美"字了得！然而，这只是想象，当然，这样的想象要变成现实只是时间的问题，但是诗人矢志不渝的报国初衷也能如同这夜雨般夜尽即停吗？似乎不能。诗人收复故土的愿望也能如雨后清晨般豁然开朗吗，显然难说。杏花春雨，现实与想象，虚景与实景，乐景与哀情，有尽之言与无尽之意，所有的艺术情思全在这里集结，非大家不能如此，赞！

颈联紧承颔联的情感,"矮纸斜行闲作草,晴窗细乳戏分茶",闲居客舍等待皇帝不知何时的召见,有的是大把的时间,尽可以练习平时难得功夫练习的草书;在雨后初晴的明媚春光里,一个人精致地过把时下流行的茶道瘾。有志之士在国家之秋却闲极无聊,只能以此打发时光、平抚急躁的心境,这该是怎样一种悲哀!以诗人的年龄、诗人的阅历,沉淀出来的情感,不是惊涛骇浪,激荡冲突,虽然心底里狂涛巨澜,表面上却云淡风轻;看似淡然洒脱,其实文思周纳、情韵深致。无疑,这种抒情方式比之于辛稼轩"把阑杆拍遍,无人会,登临意"的直抒胸臆、悲愤感慨更显成熟干练,也更吸人眼球、动人心魄(当然,绝无贬低辛词之意,只是个别词句在不同语境下的比较而已)。

当理想和现实冲突到一定程度时,中国的知识分子是有退路可走的,尽管不情愿,但却能保志士节操、展文人情趣。既然进不能报国,那么就退步抽身吧。尾联"素衣莫起风尘叹,犹及清明可到家",诗人再度自嘲,正是此种心境的流露。

全诗情感基调和抒情方式都非常统一,各联又自有变化。自嘲之意一以贯之,首联于比喻中见感慨,颔联寓情于景,颈联在动作行为中写意,尾联化用典故。沉重深厚的感情,闲散淡雅的表达,自成一道风景,在陆游自己的海量诗作中一枝独秀,在中国诗歌的星空里光芒四射。当然,这是细琢磨后的体悟,最初喜欢上这首诗还是源于"小楼一夜听春雨,深巷明朝卖杏花"的清纯优美。所谓名句,就是不用赏析,诗情画意就闯入你眼、植入你心,并且历久弥醇,形成一种审美体验,可温润情感,可美化生活。

作者掠影

陆游(1125~1210),南宋文学家、史学家、爱国诗人。字务观,号放翁,越州山阴(今绍兴)人。

陆游生逢北宋灭亡之际,少年时即深受家庭爱国思想的熏陶。宋高宗时,参加礼部考试,因受秦桧排斥而仕途不畅。宋孝宗即位后,赐进士出身,历任福州宁德县主簿、敕令所删定官、隆兴府通判等职,因坚持抗金,屡遭主和派排斥。乾道七年(1171年),应四川宣抚使王炎之邀,投身军旅,任职于南郑幕府。次年,幕府解散,陆游奉诏入蜀,与范成大相知。宋光宗继位后,升为礼部郎中兼实录院检讨官,不久即因"嘲咏风月"罢官归居故里。

嘉泰二年（1202年），宋宁宗诏陆游入京，主持编修孝宗、光宗《两朝实录》和《三朝史》，官至宝章阁待制。书成后，陆游长期蛰居山阴，嘉定二年（1210年）与世长辞，留绝笔《示儿》。

陆游一生笔耕不辍，诗词文俱有很高成就，其诗语言平易晓畅、章法整饬谨严，兼具李白的雄奇奔放与杜甫的沉郁悲凉，尤以饱含爱国热情对后世影响深远。陆游亦有史才，他的《南唐书》，"简核有法"，史评色彩鲜明，具有很高的史料价值。

延伸阅读

读陆游诗词有感

李爱秀

在陆游的众多著名诗篇中，有壮怀激烈的爱国忧民之作，如《关山月》《秋夜将晓出篱门迎凉有感》；有寄梦抒怀、悲愤凄切之作，如《十一月四日风雨大作》，这些诗不是直抒胸臆，痛切陈词，就是笔墨纵横，抚古思今，都是雄壮的大气磅礴之作；作者也有优美淳朴的乡村生活描写，如《游山西村》；也有缅怀爱情、追思往日幸福的伤感之作，如《沈园》。但所有这些，都与《临安春雨初霁》极不相似。《临安春雨初霁》没有豪唱，也没有悲鸣，没有愤愤之句，也没有盈盈酸泪，有的只是结肠难解的郁闷和淡淡然的一声轻叹，"别是一番滋味在心头"。

可以说《临安春雨初霁》反映了作者内心世界的另一方面，作者除了在战场上、幕帐中和夜空下高唱报国之外，偶尔也有惆怅徘徊的时候。在几乎同时所作的《书愤》中，作者就截然不同地表现了一贯的豪情。《书愤》在一定意义上是作者对自己悲壮一生的总结。"早岁那知世事艰"，却终有胆量说"千载谁堪伯仲间"，把一生留给历史公断。《临安春雨初霁》、《书愤》的比较可以显现出诗人感情思想的一个短时期的反复。陆游毕竟是陆游，他不会永久地停留在"闲""戏"之上的。不久后他在严州任上，仍坚持抗金，并且付诸行动，表达于诗文，终于又被以"嘲咏风月"的罪名罢官。他的绵绵"杏花春雨"，在《十一月四日风雨大作》中，发展成了"铁马冰河入梦来"的疾风暴雨。

诗人的心意解读也可类比于东坡的"人生如梦，一尊还酹江月""小舟从此逝，江海寄余生"和辛弃疾的"细听春山杜宇啼，一声声是送行诗"，体会诗人强压心中的焦灼急躁，于万般无奈中寻找内心平静与平衡的心态。

考试链接

1. 对该诗的鉴赏，分析有误的两项是（　　）

A. 诗中写客中春感，有厌倦风尘之意。陆游长期沉浮宦海，壮志未酬，郁悒的情怀在诗中也隐约有所体现。

B. 首联含蓄地指责朝廷不图恢复，得过且过，以至于自己奉召进京而无所作为。

C. 颔联写诗人看破人生世相后的闲适心情，卧居小楼静听春雨，想象杏花连夜开放，好不惬意。

D. 颈联写诗人闲居小楼写字品茶消磨时光。诗人毕竟放不下未酬之志，故以此自嘲，表明自己不能建功立业的焦虑郁闷。

E. 尾联写诗人不愿在京城堕落于风尘，决定趁着清明时节还乡，从此隐遁山林，尽享山林之乐。

2. 有人说，阅读诗中颔联，对"一夜"两字不可轻轻放过，为什么？

3. "犹及清明可到家"表明了诗人怎样的态度？

编注者：李爱秀

【参考答案】

1. CE　C项"好不惬意"不符诗意；E项"堕落"用词不当。

2. "一夜"意为"整夜"。诗人整夜"听春雨"，似在暗示重被起用的他并不快意，也无意与明媚的春光为伍，反而因这"一夜春雨"而辗转不眠，忧患不已了。

3. 京都春光正好，诗人重被起用却急于回家赶上清明节，表明他持守清洁而不想沾染京都官场恶浊的态度，更有对朝廷偏安一隅而己志难伸的不满。

［明］陈洪绶 《张深之正北西厢插图》（局部）

正宫·端正好 长亭送别①

[元] 王实甫

扫一扫，听朗读

碧云天，黄花地②，西风紧，北雁南飞。晓来谁染霜林醉？总是离人泪③。

注释

①这是元杂剧的节选。"正宫"是宫调名，表示的是曲调；"端正好"，是曲牌名；长亭送别，是题目。《长亭送别》是《西厢记》中第四本第三折。

②碧云天，黄花地：句出范仲淹《苏幕遮》词："碧云天，黄叶地，秋色连波，波上寒烟翠。"黄花，指菊花。

③"晓来"二句：意谓是离人带血的泪，把深秋早晨的枫林染红了。霜林醉，深秋的枫林经霜变红，就像人喝醉酒脸色红晕。

古曲今读

蔚蓝得让人心醉的天空，开满了黄色菊花的大地，秋风一阵阵猛烈地吹拂，大雁排成人字，从北往南飞。空气清冷的秋晨，是谁用如椽大笔饱蘸鲜艳的红色把经霜的枫林染成大片的红色了？我想是那即将离别的人流下的眼泪！

赏析要点

此曲选自《西厢记》第四本第三折，这折通常被称为"长亭送别"。剧中与此曲相关的情节是：穷书生张君瑞和相国千金崔莺莺相爱，但门第不般配，遭到老夫人阻挠。他必须去考取功名，才能实现美满姻缘。临行，莺莺送他到十里长亭。两人新结鸾俦，离别之苦可想而知。这时正值深秋，景色凄凉，正好衬托了两人心境。

"碧云天，黄花地，西风紧，北雁南飞，晓来谁染霜林醉？总是离人泪。"

这支曲子的前四句"碧云天，黄花地，西风紧，北雁南飞"，选了最能表现秋天季节特征的景物：云天、黄花、西风、大雁等典型的意象，构成了辽阔萧瑟令人黯然神伤的境界。论者常说这支曲子化用了北宋范仲淹的词《苏暮遮》："碧云天，黄叶地，秋色连波，波上寒烟翠"，然而意境却不同。范词"碧云、黄叶、绿波、翠烟"，构成一幅的美丽画面，而王词则用蓝天碧云，黄花满地，西风凄紧，北雁南归的深秋景物渲染出浓重的离情别绪，把莺莺的离别之情写得逼真、透彻。因此收到了字字见情，景景见情的效果。

"晓来谁染霜林醉？总是离人泪"两句，采用了设问自答的形式，使得客观景色带上了浓重的主观感情色彩。枫叶经霜自红，作为自然现象来说，它本来无所谓悲还是喜，但在不同人的眼里，常常会因自己的境遇不同、心情不同而染上不同的感情色彩。在充满着离愁的莺莺看来，她只觉得枫叶的红色，不是自然而红，都是由离人的泪水染成的。树木变红当然不能用泪染，可在莺莺的心目中，离人的泪水却能把树叶染红。这表现了莺莺因这次离别心情是非常沉重的，因此"染"极有分量。这个"染"字，把泪水和霜林贯穿起来，使无情的树木带上了感情色彩。它不但把外射的主观感情，化为动态的心理过程，而且使得离别的人们的涟涟泪水，也宛然如见。而"醉"字，既写出了枫林的色彩，更赋予了在离愁的重压下人不能自持的情态；这里是用了移情的手法。"总是离人泪"尽管是化用苏轼《水龙吟》"点点是，离人泪"，但由于是从上句的问而来，一问一答，巧妙地融为一体。

这支曲词是历来公认的写景名句。相传王实甫写完此句后"思虑殚尽，扑地而死"（晕厥）。可见作者苦心孤诣、用心良苦！

《西厢记》最早的来源是唐代元稹所著的传奇小说《莺莺传》，以金代董解元的《西厢记诸宫调》为基础改编而成，戏剧冲突激烈，人物性格鲜明，心理描写细致，引人入胜，成为我国古典戏曲中一颗璀璨的明星。

作者掠影

王实甫（约 1260～1336），名德信，大都（今北京）人，祖籍在今河北保定的定兴县。元代著名杂剧《西厢记》的作者，主要创作活动大约在元成宗元贞、大德年间（1295年~1307年），这正是元杂剧的鼎盛时期。

王实甫早年曾经为官，但宦途坎坷，他以县官入仕，因治县有声，后提升为陕西行台监察御史。但总因"与台臣议不合，40岁即弃官不复仕。"回到大都后，他一头扎进关汉卿的"玉京书会"，常在演出杂剧及歌舞的游艺场所出入，是个不为封建礼法所拘、与倡优（当时的演员）有密切交往的文人。

王实甫的杂剧如今仅存《西厢记》《破窑记》和《丽春园》等十三种。其中最著名的《西厢记》共五本，是王实甫的代表作，在元代和明代就为人推重，被称为杂剧之冠。

延伸阅读

元曲四大家的排位之争

元曲是在宋金时期诸宫调的基础上成长起来的文学样式，是一种把歌曲、宾白、舞蹈表演等有机结合起来具有独特民族风格的戏曲艺术形式，与先秦散文、汉赋、唐诗、宋词、明清小说一样是古代文学史上的瑰宝，是一支绚丽璀璨的奇葩。

元曲也称为元杂剧，可分为旦本（由年轻女主角主唱）和末本（由男主角主唱）两种。流行于宋元时期，成熟于元代。元杂剧体制的通例是四折一楔子，有唱、科、白，由一个角色唱到底，每折戏只能用一个宫调。一折相当于现代戏曲的一幕或一场，是音乐的组织单元，情节发展的自然段落。"楔子"一般放在第一折前对故事做简要介绍，或放在折与折之间类似过场，篇幅短，位置不定，起衔接作用，使剧情结构紧凑。每本杂剧只能有一个主角，演出一个完整的故事。如果不符合以上规定，剧本再好，也不能称其为元杂剧。

正是有了以上根据，元代著名戏曲理论家周德清在他的《中原音韵》中才把元代最著名的四个杂剧作家关汉卿、郑光祖、白朴、马致远正式称为"元曲四大家"，或称"关郑白马"。

"元曲四大家"的排列和评价，因人因时而各有不同。元代钟嗣成的《录鬼簿》把关汉卿列为杂剧作家之首，贾仲明称关汉卿是："驱梨园领袖，总编修师首，捻杂剧班头。"但明初朱权的《太和正音谱》却首推马致运，以为"宜列群英之上"，而以关汉卿为"可上可下之才"。明代前期以后，又有盛赞郑光祖而贬低其余三家的，如何良俊《四友斋丛说》说："马之辞老健而乏滋媚，关之辞激厉而少蕴藉，白颇简淡，所欠者俊语，当以郑为第一。"清人王季烈《曲谈》中则认为"关、白、马、郑诸家"。近代王国维的《宋元戏曲史》中说："元代曲家，自明以来，称关、马、郑、白，然以其年代及造诣论之，宁称关、白、马、郑为妥也。关汉卿一空倚傍，自铸伟词，而其言曲尽人情，字字本色，故当为元人第一。"

考试链接

1. 阅读[端正好]一曲，然后回答下列问题。
（1）前四句所写的景与送别有什么关系？
（2）后两句在写法上有什么特点？
（3）这段曲词抒发了莺莺怎样的感情？

编注者：李宏发

【参考答案】

1.（1）前四句所写的都是典型的秋景，这些具有深秋时节特征的景物，与送别的离愁别绪和谐一致，渲染了气氛，烘托出主人公的愁情。
（2）首先，后两句将霜叶红说成是离别人的泪水染成的，这是把感情移植到景物上的移情法，构思巧妙，表达感情形象真切。其次，作者把霜叶红比做醉人脸红，暗示出离人难以自持的情态，是十分巧妙的暗喻。
（3）抒发了莺莺离愁别恨的情感。

[清] 任熊 《东坡笠屐图》

江城子

乙卯①正月二十日夜记梦

[宋] 苏轼

十年②生死两茫茫，不思量③，自难忘。千里④孤坟⑤，无处话凄凉。纵使相逢应不识，尘满面，鬓如霜。

夜来幽梦忽还乡，小轩窗⑥，正梳妆。相顾⑦无言，惟有泪千行。料得年年肠断处，明月夜，短松冈⑧。

注释

①乙卯：公元1075年，即北宋熙宁八年。
②十年：指结发妻子王弗去世已十年。
③思量：思念。
④千里：王弗葬地于四川眉山，苏轼任所在山东密州，两地相隔遥远，故曰"千里"。
⑤孤坟：苏轼的妻子王氏之墓。孟启《本事?徵异第五》载张姓妻孔氏赠夫诗："欲知肠断处，明月照孤坟。"
⑥小轩窗：轩，门窗。小轩窗即小室的窗前。
⑦顾：看。
⑧明月夜，短松冈：苏轼葬妻之地，短松：矮松。

古词今读

两人生死隔绝，不觉已经十年，音讯两渺茫。有心忘却，却更加思念，让人断肠。妻坟远在千里，无处诉说心中的悲伤凄凉。即使相逢，也料想你不会认识灰尘满面，鬓发如霜的我，是怎样的憔悴沧桑。

晚上在隐约的梦境中忽然回到了家乡，只见妻子正在小窗前对镜梳妆。你我相忘，千言万语不知从何说起，只有相对无言泪落千行。料想那明月照耀着、长着小松树的坟丘，就是年年痛欲断肠的地方。

赏析要点

这首词写于公元1075年（熙宁八年），作者苏轼当时身在密州（今山东诸城）任所。时值正月二十日夜晚，他梦见亡妻王弗，情不能自已，于是写下了这首真挚朴素、沉痛感人的词作。

上阕"十年生死两茫茫，不思量，自难忘"三句排空而下，情真意切，感人至深。十年光阴，倏忽而逝。生死相隔，彼此茫然无知：你在那边还好吗？我在这边的境况你知道吗？起句便奠定了深沉悲凉的情感基调。近十年里，苏轼与继室王润之（王弗的堂妹）生活在一起，且忙于政务，哪能年年岁岁，朝朝暮暮把逝去的妻子挂在心、常"思量"呢？但"不思量"并不等于记忆的忘却。当初十六岁的王弗嫁给了十九岁的苏轼，夫妻二人相敬如宾，情深意笃，且王弗通达事理，蕙质兰心，与作者同尝甘苦、共担忧患。而今，苏轼因对新法不满，抨击时政而遭排挤和打压，抑郁悲愤，加之担任密州知州期间，清贫困苦，岁又大侵，他怎能不想起深爱自己、理解自己、体贴自己的贤内助呢！"千里孤坟，无处话凄凉"比前三句情感更为沉重。前三句是从"十年"这个时间维度着笔，看似久远，却给人一种数着日子而度日的感觉；次两句是从"千里"这个空间维度着笔，看似迢遥，却给人一种近在身旁、如在眼前的感觉。作者历经十年辛酸，凄风苦雨，却又"无处话凄凉"，自己的精神孤独与千里之外的灵魂寂寞使读者瞬间感慨万千、唏嘘不已！夜深人静，作者痴想：假使与爱妻王弗对面相逢，自己定要撕下生活里的各种面具，打开自己心灵的闸门，做一次最为酣畅淋漓的情感宣泄。但笔锋却又一转，"纵使相逢应不识，尘满面，鬓如霜"。作者年已四十，满脸沧桑，两鬓如霜，岁月的无情与政治的迫害使他恍然觉得在妻子的印象里自己是个陌生人了。欲相逢而不识，欲倾诉而不得，其中的无奈、无助使文字承受的情感逐渐饱满。

日有所思，夜有所梦。妻子的十周年祭铭记在心，可知心诚；妻子的魂魄入梦，足见情真！上阕的日思到下阕的夜想，过渡便显得很自然了！

下阕前三句"夜来幽梦忽还乡，小轩窗，正梳妆"是记叙，联想自己在梦里忽然回到了故乡，回到了那个两人曾共度甜蜜岁月的地方。"小轩窗，正梳妆"是一个亲切而又熟悉的镜头特写，妻子的梳妆打扮、情态容貌依稀当年，作者以这样一个平凡的、生活化的，但又难以磨灭或者难以模糊的场景表达了妻子在自己心目中的永恒印象。与上阕自己十年后的"尘满面，鬓如霜"形成鲜明反差。妻子还是那样美丽，而自己已经憔悴不堪。时光的分量顿时显得那样沉重，作者伤怀愈见凄怆，悼亡却愈见真纯。"相顾无言，唯有泪千行"两句是奇崛之处，妙绝千古！此处没有"却话巴山夜雨时"的寒暄和久别重逢时的卿卿我我，只有沉默和眼泪。"无言"虽未诉诸文字，但"泪千行"却蕴涵万千：思念、委屈、孤独、无奈、郁结、沧桑……这种以无写有的表现手法其实在很多篇章里出现，如古诗《迢迢牵牛星》"终日不成章，泣涕零如雨；河汉清且浅，相去复几许！盈盈一水间，脉脉不得语。"杜甫《月夜》"何时倚虚幌，双照泪痕干。"柳永《雨霖铃》"执手相看泪眼，竟无语凝噎。"以神态的静写心理的动，内里的情感波澜万丈而不发乎声，更能使读者体味到无声之胜、留白之妙！因事入梦，因梦动情，情动惊梦，梦回现实。"料得年年肠断处；明月夜，短松冈。"料想在年年伤逝的这个忌日，长眠于地下的妻子眷恋人世、牵挂亲人，该是肝肠寸断了吧！作者采用以彼时彼地写此时此地的主客易位的表现手法，设想死者的心思，寄寓自己的悼亡之情，倍增其哀！尤其是"明月夜，短松冈"二句，凄凉清幽，黯然魂销，余音袅袅，让人涵咏回味。

总之，这首词在结构方面，上阕写实，侧重自己，下阕虚写，侧重亡妻。在构思和手法方面，分合顿挫，兼用白描，表达了作者对亡妻的怀念与哀思，同时又渗透着自己的身世感慨，"有声当彻天，有泪当彻泉"（陈师道语），显得深婉挚着，哀婉动情。

作者掠影

苏轼（1037~1101），宋代伟大诗人，字子瞻，号"东坡居士"，眉州眉山（今四川眉山）人。1056年（嘉祐元年），苏轼首次出川赴京，参加朝廷的科举考试。1061年（嘉祐六年），苏轼应中制科考试，授大理评事、签书凤翔府判官。后逢其母于汴京病故，丁忧扶丧归里。1069年（熙宁二年）服满还朝，仍授本职。因为他反对新法，不容于朝廷，于是自求外放，调任杭州通判。任满后，被调往密州（今山东诸城）、徐州、湖州等地，任知州县令。政绩显赫，深得民心。

1079年（元丰二年），苏轼到任湖州还不到三个月，就因为作诗讽刺新法，网织"文字毁谤君相"的网罗罪名，被捕入狱，史称"乌台诗案"。出狱以后，苏轼被降职为黄州（今湖北黄冈市）团练副使。此间写下《赤壁赋》《后赤壁赋》和《念奴娇?赤壁怀古》等千古名作。宋神宗（1084年元丰七年），苏轼离开黄州，奉诏赴汝州就任，后为朝奉郎知登州（今山东蓬莱），又以礼部郎中被召还朝。在朝半月，先后升起居舍人、中书舍人，不久又升翰林学士知制诰，知礼部贡举。因不能容于新党，又不能见谅于旧党，苏轼再度自求外调，以龙图阁学士的身份再次来到杭州当太守。

1091年（元祐六年），他又被召回朝，不久又因为政见不合外放颍州。三年后为宁远军节度副使，再次被贬至惠阳（今广东惠州市）。1097年，苏轼又被再贬至更远的儋州（昌化军，今海南）。后调廉州安置、舒州团练副使、永州安置。1101年（元符三年）大赦，复任朝奉郎，北归途中，于1101年8月24日（建中靖国元年七月二十八日）卒于常州（今属江苏）。谥号文忠。

延伸阅读

苏轼与王弗的结发之情

赖彦斌

这首《江城子·乙卯正月二十日夜记梦》词是苏轼在其妻王弗亡故10年以后在梦中见她后所作的。

苏东坡19岁时，是四川省青神县中岩书院的学生，文采极佳。王弗是苏轼老师王方的女儿，当时16岁，年轻美貌。在父母的主持下，二人结为夫妇。苏轼是一个卓尔不群的乐天派，他非常渴望这段婚姻，也同时渴望会有爱情相伴而降临。王弗也渴望爱情，她祈盼从此能够好好地做苏家的女人，平平安安地做一个好妻子。她侍奉老人很是恭敬谨慎，对苏轼更是温柔贤惠，夫妻恩爱情深。

在王弗的眼里，苏轼是一匹多情的野马，很需要她的驯服与教导。苏轼无拘无束的性格，使他很喜欢待在岷江边的王方家中。那里的古庙、清溪，是他所热衷的。王弗常常炒瓜子、炸蚕豆给苏轼吃，与苏轼坐在茅屋边聊天，还相伴去不远的瑞草桥畔野炊。王弗安排的都是苏东坡喜欢的生活方式，这给了新婚的苏轼一种温柔的浪漫。苏轼大口地喝着美酒，品尝着人生。王弗则希望他认认真真地读书，如果这样，她很情愿做他的厨师和玩伴。这就是苏轼所拥有的浪漫。

王弗同时还在扮演着红袖添香的角色，她极受家庭文化的熏陶。苏轼把王弗给予他的爱情的浪漫尽情品尝。王弗常常不睡觉，陪着苏轼一夜一夜地苦熬读书。有一次，苏轼因为一时疏忽而发生错漏，王弗便笑着指了出来。苏轼非常惊异地问：你竟然如此知书？其实，王弗的知识面是比不上苏轼的，她想插上嘴发表什么看法，是很难的事情。但是她做得很专心，所以才能找出苏轼这个千载不遇的错误。苏轼在惊诧之余，心里异常感动，感动于妻子为了自己的前途而用心苦读。苏轼是幸运的，在这样一个贤内助的督促协助之下，他考取了一个进士。夫妻都很高兴。

苏轼很快担任了凤翔府签判，王弗随同丈夫一同前往。苏轼自由的个性使得他做官的感觉真是很不好，他开始广交朋友，可以说他是为朋友而活的人。朋友们经常往来于他的家中。苏轼甚至相信天下并没有什么真正的坏人，来人皆热情款待。大家天南海北，聊得异常投机，也会辩论得面红耳赤。那时候，王弗因不便于露面，时常会躲在帘子后面倾听他们的交流，从而增长了自己的见闻，与丈夫同步。

有一天，一个叫章敦的来了，说了许多令苏轼很高兴的话。他一走，王弗就对苏轼说："今天来的这个人不太可靠，他的热情似乎有点过分了，官人一定要当心他啊，恐怕以后他将对你有所不利。"真应了王弗的话。后来，章敦果然非常卖力地迫害苏轼。苏轼恨他恨得要死，后悔没有听妻子的话。他甚至做鬼也不愿跟那个章敦碰面。

王弗就是这样促使苏轼成熟成长起来的，此时，苏轼已经开始显露大文豪的风范了。真可惜，恩爱夫妻难以到头，王弗只活到27岁，她的年轻生命便凋谢了。王弗去世了，给苏轼留下了一个6岁的儿子。突然残破的家庭让苏轼大大地伤心。苏轼失去了这样一位爱侣，精神上所受到的打击以及心中的沉痛都是无以言表的。

苏轼的父亲苏洵对这个儿媳妇非常满意，他对苏轼说："你太太跟了你这么多年，却无法享受到你的成就。你该把她葬在她婆婆的身边。"第二年，苏洵也死了，苏轼将父亲及妻子的遗体辗转运回故乡安葬，并在那些坟墓周围的山坡上种植了青松，同时也种下了他的一丝牵挂。从此以后的10年间，苏轼的心中一直装着这片坟地以及坟地上的那棵棵青松。苏轼多次在梦里遇见王弗，醒来时心情都非常悲伤。王弗曾给予他实实在在的生活，死后自然带给他刻骨铭心的思念。这种思念之情，使苏轼重又找回了婚前的那种浪漫心态。

有一年的正月二十日晚上，苏轼再次来到密州，他又一次梦见了爱妻王弗，于是写下了万古流传的这首凄美的悼亡词《江城子·乙卯正月二十日夜记梦》。

考试链接

阅读下列词，回答问题。

（一）江城子·乙卯正月二十日夜记梦

十年生死两茫茫，不思量，自难忘。千里孤坟，无处话凄凉。纵使相逢应不识，尘满面，鬓如霜。

夜来幽梦忽还乡，小轩窗，正梳妆。相顾无言，惟有泪千行。料得年年肠断处，明月夜，短松冈。

（二）江城子·密州出猎

老夫聊发少年狂，左牵黄，右擎苍，锦帽貂裘，千骑卷平冈。为报倾城随太守，亲射虎，看孙郎。

酒酣胸胆尚开张；鬓微霜，又何妨！持节云中，何日遣冯唐？会挽雕弓如满月，西北望，射天狼。

1. 试比较两首词的异同。
2. 这两首《江城子》都是神宗熙宁八年（1075）苏轼在密州任知州时所作。第一首写到"纵使相逢应不识，尘满面，鬓如霜"，第二首却说"鬓微霜，又何妨"，这是为什么？

编注者：宋献普

【参考答案】
1. 第一首词表现了作者对亡妻真挚深沉的相思之苦，第二首词表达了作者想报效祖国、守卫边疆的豪情壮志；第一首词情感基调深沉痛苦，而第二首词情感基调豪迈奔放。
2. 第一首"纵使相逢应不识，尘满面，鬓如霜"，以哀伤的口吻，写自己与妻子分别十年后，人已衰老，生活穷困潦倒，更增对妻子的思念之情。第二首"鬓微霜，又何妨"，写虽然鬓已经微霜，上了年纪，但并不妨碍自己报国杀敌的雄心壮志，充满豪情，表现了作者强烈的爱国情感。

[清] 石涛 《江行舟上作山水册》

拟行路难(其六)

[南朝] 鲍照

对案①不能食,拔剑击柱长叹息。

丈夫生世会②几时?安能③蹀躞④垂羽翼!

弃置罢官去,还家自休息。

朝出与亲辞,暮还在亲侧。

弄儿⑤床前戏,看妇机中织。

自古圣贤尽贫贱,何况我辈孤且直⑥!

注释

①案:一种放食器的小几。
②会:能。
③安能:怎能。
④蹀躞(dié xiè):小步行走的样子。
⑤弄儿:逗小孩。戏:玩耍。
⑥孤且直:孤高并且耿直。

古诗今读

对着席案上的美食却难以下咽,拔出宝剑对柱挥舞发出长长的叹息。

大丈夫一辈子能有多长时间,怎么能小步走路的失意丧气?

放弃官衔辞职离开,回到家中休养生息。

早上出家门与家人道别,傍晚回家依然在亲人身边。

在床前与孩子玩耍，看妻子在织布机前织布。

自古以来圣贤的人都生活得贫贱，更何况我这样的清高孤寒又正直的人呢？

赏析要点

本篇是《拟行路难》中的第六首，全诗通过失意闲居的生活描述，反映了门阀统治下，出身低微的才士仕途的失意和坎坷，内心的苦闷与彷徨。表现了诗人被压抑的激愤之情以及对当时不合理社会的强烈不满。

全诗分三层。前四句集中写自己仕宦生涯中倍受摧抑的悲愤心情。一上来先刻画愤激的神态，从"不能食""拔剑击柱""长叹息"这样三个紧相联结的行为动作中，充分展示了内心的愤懑不平。诗篇这一开头劈空而来，犹如巨石投江，轰地激起百丈波澜，一下子抓住了读者的关注。接着便叙说愤激的内容，从"蹀躞""垂羽翼"的形象化比喻中，表明了自己在重重束缚下有志难伸、有怀难展的处境。再联想到生命短促、岁月不居，更叫人心焦神躁，急迫难忍。整个心情的表达，都采取十分亢奋的语调；反问句式的运用，也加强了语言的感情色彩。

中间六句是个转折。退一步着想，既然在政治上不能有所作为，不如丢开自己的志向，罢官回家休息，还得与亲人朝夕团聚，共叙天伦之乐。于是适当谱写了家庭日常生活的场景，虽则寥寥几笔，却见得情趣盎然，跟前述官场生活的苦厄与不自由，构成了强烈的反差。

然而，闲居家园毕竟是不得已的做法，并不符合作者一贯企求伸展抱负的本意，自然不可能真正解决其思想上的矛盾。故而结末两句又由宁静的家庭生活的叙写，一跃而为牢骚愁怨的迸发。这两句诗表面上引证古圣贤的贫贱以自嘲自解，实质上是将个人的失意扩大、深化到整个历史的层面——怀才不遇并非个别人的现象，而是自古皆然，连大圣大贤在所难免，这足以证明现实生活本身的不合理。于是诗篇的主旨便由抒写个人失意情怀，提升到了揭发、控诉时世不公道的新的高度，这是一次有重大意义的升华。

值得注意的是，诗篇终了用"孤且直"三个字，具体点明了像作者一类的志士才人坎坷凛冽、抱恨终身的社会根源。所谓"孤"，就是指的"孤门细族"（亦称"寒门庶族"），这是跟当时占统治地位的"世家大族"相对而言的一个社会阶层。六朝门阀制度盛行，世族垄断政权，寒门士子很少有仕进升迁的机会。鲍照出身孤寒，又以"直"道相标榜，自然为世所不容了。

作者掠影

鲍照（约415~466），南朝宋文学家，与颜延之、谢灵运合称"元嘉三大家"。字明远，东海（今江苏连云港市东）人。出身寒微，在南朝门阀制度森严的社会里，他一生备受压抑。曾任秣陵令、中书舍人等职。后为临海王刘子顼前军参军，故世称"鲍参军"。后子顼起兵失败，照为乱兵所杀。

鲍照长于杂言乐府，尤擅七言歌行，也长于赋及骈文。其内容以抒发怀才不遇的抑郁之情为主。他还写了不少以边塞生活和人民疾苦为内容的诗篇，他的诗歌俊逸奔放，感情充沛，语言遒劲，形象鲜明，在当时流于纤弱的诗坛中别树一帜，对唐代李白、高适、岑参等诗人有很大的影响。所作乐府《拟行路难》十八首以及《芜城赋》《登大雷岸与妹书》等均较有名。所著有《鲍参军集》十卷。

延伸阅读

一张请假条

臣启：臣居家之治，上漏下湿。暑雨将降，有惧崩压。比欲完葺，私寡功力，板锸绚涂，必须躬役。冒欲请假三十日，伏愿天恩，赐垂矜许，干启复追悚息。谨启。

这是一张请假条，一张向皇帝请假的条子。请假者是距今一千五百年前的南朝宋国太学博士、中书舍人鲍照，那可是在皇帝身边起草国家公文、诏令，参与机密，位高权重的朝官呀！鲍照虽然出身寒族，但他以寒素之身，凭借诗才走上仕途，并且享有"清新庾开府，俊逸鲍参军"的美誉。可是，这么一个朝廷重臣，本应该是要风有风，要雨有雨，享不尽荣华富贵，却是生计艰难，他在江苏涟水的家宅，在下雨时是"上漏下湿"，夏天雨季的到来，更使房屋有"崩压"的危险。为了把家宅修葺整治一番，居然无钱雇人，只能自己亲自动手。由于他在朝里做官，无暇修房，只好向皇帝宋孝武帝"请假三十日"。

于是，写了这张请假条。尽管鲍照处于社会混乱状态下的南北朝时期，统治者即使再昏庸无能，但对于一个年过半百（鲍照当时已五十二三了）的朝官，面对居家"暑雨将降，有惧崩压"的危宅，却要"躬役"，而且，用语是如此的谨慎谦恭，"伏愿天恩，赐垂矜许"，让人顿生恻隐之心。这样一封《请假启》能不"准奏"吗？

考试链接

1. 作者为什么"长叹息"？请概括回答。
2. 诗中的句子"朝出与亲辞，暮还在亲侧。弄儿床前戏，看妇机中织"，有人说体现了陶渊明式的隐居生活的无限乐趣，也有人说这四句是无奈的叹息，你如何理解？请结合诗句内容分析。
3. "孤且直"中"孤""直"的意思是什么？这两个词语表现了诗人怎样的品质和思想感情？

编注者：姚红侠

【参考答案】

1. 生不逢时，人生失意，无用武之地，弃置罢官，性格的孤高正直。
2. ①体现隐居生活的乐趣。朝暮总是能与亲人相见，永不离散；"弄儿床前戏，看妇机中织"，谱写合家团圆的生活乐趣；他摆脱了艰险坎坷的世路，置身在安乐闲适的环境中。
②实乃无奈的叹息。温暖幸福的家庭生活，作为冷酷无情的官场对立面出现于诗篇。家中生活的描摹，不过是设想之词，实质是发泄不得志的牢骚话，或者说是对现实社会不满和抗议的反映。
3. "孤"可以理解为孤高的性格（或出身孤寒）；"直"，正直，品德高尚。体现了诗人孤傲、正直的高洁品格，抒发了诗人怀才不遇的悲愤和对黑暗现实（士族门阀制度）的不满之情。

［明］ 仇英 《明妃出塞》

072

咏怀古迹（其三）

[唐] 杜甫

群山万壑赴荆门①，生长明妃②尚有村。

一去③紫台④连⑤朔漠⑥，独留青冢⑦向黄昏。

画图⑧省识⑨春风面⑩，环珮⑪空归夜月魂。

千载琵琶作胡语⑫，分明怨恨曲中论。

注释

①荆门：山名，在今湖北宜都西北。
②明妃：指王昭君。西晋时避晋文帝司马昭的名讳，改称"明妃"。汉元帝竟宁元年出嫁匈奴呼韩邪单于。
③去：离开。
④紫台：汉宫，紫宫，宫廷。
⑤连：通，到。
⑥朔漠：北方的沙漠。
⑦青冢：指王昭君的坟墓。据说塞外草白，独昭君墓草色青青，故名"青冢"。
⑧画图：汉元帝按图召幸宫人，宫人都贿赂画工。王昭君自恃美貌，不肯行贿，被画工丑化，不得皇帝召见。后来汉与匈奴和亲，令王昭君远嫁，汉元帝才知道她的美貌为后宫第一，传说因此杀了很多画工。
⑨省识：略识；另解为"曾经识得"。
⑩春风面：形容王昭君的美貌。
⑪环珮：古人所系的佩玉，多指妇女所佩的玉器。
⑫千载琵琶作胡语：传说王昭君在匈奴曾作"怨思之歌"，感叹在汉宫受到的冷遇。古乐府有《昭君怨》《明妃词》《昭君叹》等曲辞。

古诗今读

千山万岭争赴荆门，昭君生长的乡村至今留存。
离别汉宫直通塞外，荒漠上的青冢独对着黄昏。
画图略识绝世姿容，月夜环佩叮当是昭君归魂。
千载琵琶奏塞外曲，声声皆为王昭君怨恨所凝。

赏析要点

这是七律组诗《咏怀古迹》中的第三首。《咏怀古迹》共五首，每首各写一人一事，分别为庾信、宋玉、王昭君、刘备、诸葛亮。这首诗中诗人借咏昭君村、怀念王昭君来书写自己的襟怀。

首联点出昭君村所在的地方。起笔气势非凡，景物横空出世。杜甫写这首诗的时候，正住在夔州白帝城。作者站在白帝城高处，东望三峡东口外的荆门山及其附近的昭君村。远隔数百里，本来是望不到的，但他发挥想象力，由近及远，构想出群山万壑随着湍急的江流，奔赴荆门山的雄奇壮丽的图景。诗人用一个"赴"字突出了三峡山势的雄奇生动，把迤逦不绝的千山万壑陡然间写活了，既有飞动之势，又有变幻之姿。但是，诗的下一句，却落到一个小小的昭君村上，颇有点出人意料。

颔联写到昭君悲剧的一生。诗人只用这样简短而雄浑有力的两句诗，就写尽了昭君一生的悲剧，语言极富于张力。就时间而言，从生前到死后；就空间而言，从汉宫到朔漠。这期间，昭君经历了什么？诗句给读者留下丰富的想象空间。前一句写出塞之景，给人孤旷空疏之感，后一句写死后之景，给人天地无情、青冢有恨的无比广大而沉重之感。

颈联紧接着前两句，更进一步写昭君的身世家国之情。生时应该被赏识却未被赏识，死时不能归而只能魂魄空归。"画图"句是说元帝从图画里略识昭君，实际上就是根本不识昭君，所以就造成了昭君葬身塞外的悲剧。"环珮"句是写她死时身不能归，魂魄还要归，表达她对祖国亲人刻骨铭心的思念之情。据《后汉书》记载，昭君远嫁匈奴后，非常思念父母邦国，多次上书想回故乡看看，都未能如愿。

尾联借千载作胡音的琵琶曲调，点明全诗的主旨。"怨恨"一词为全诗的诗眼。昭君怨恨什么呢？怨恨不被赏识，怨恨被迫远嫁，怨恨葬身塞外，怨恨骨留青冢。怨恨思亲人而不得见，怨恨思故土而不得归。亦可以想见，她达成汉匈之间 60 年的和平，其中又有多少委屈辛酸！

本诗借古抒怀，杜甫在写昭君的怨恨之情时，是寄托了他的身世家国之情的。他一直有志于"致君尧舜上，再使风俗淳"，但一直不得志。他当时远离长安故土，"漂泊西南天地间"，处境和昭君相似。二人，一个姿容绝丽被迫远嫁，一个才华横溢被逐远地；一个葬身漠北魂思故土，一个漂泊西南心念长安。可以说"同是天涯沦落人"！所以，他寓居在昭君的故乡，正好借昭君当年想念故土、夜月魂归的形象，寄托他自己想念故乡、壮志难酬、心系家国的心情。这正是借他人之酒杯，浇自己胸中之块垒。

作者掠影

杜甫（712～770），唐代伟大的现实主义诗人，被世人尊为"诗圣"，字子美，自号少陵野老，世称"杜少陵"，曾任检校工部员外郎，又称"杜工部"，与李白合称"李杜"。河南府巩县（今河南省巩义市）人，其作品再现了唐王朝由盛转衰的历史过程，其诗被称为"诗史"。代表作品有组诗"三吏""三别"等。他的约 1500 余首诗被保留了下来，大多集于《杜工部集》，诗艺精湛，诗风"沉郁顿挫"。

延伸阅读

马致远《汉宫秋》简介

《汉宫秋》为"元曲四大家"之一的马致远创作的历史剧。取材于王昭君出塞的历史故事。在《王昭君变文》的基础上，汲取历代笔记小说、文人诗篇和民间讲唱文学的成就创作而成。全名《破幽梦孤雁汉宫秋》。与《咏怀古迹》（其三）相比，同材异构，各显其妙。

全剧叙写西汉元帝受匈奴威胁，被迫送爱妃王昭君出塞和亲的故事，共四折一楔子。剧情如下：

汉元帝因后宫寂寞，听从毛延寿建议，让他到民间选美。王昭君美貌异常，但因不肯贿赂毛延寿，被他在美人图上点上破绽，因此入宫后独处冷宫。汉元帝深夜偶然听到昭君弹琵琶，爱其美色，将她封为明妃，又要将毛延寿斩首。毛延寿逃至匈奴，将昭君画像献给呼韩邪单于，让他向汉王索要昭君为妻。元帝舍不得昭君和番，但满朝文武怯懦自私，无力抵挡匈奴大军入侵，昭君为免刀兵之灾自愿前往，元帝忍痛送行。单于得到昭君后大喜，率兵北去，昭君不舍故国，在汉番交界的黑龙江里投水而死。单于为避免汉朝寻事，将毛延寿送还汉朝处治。汉元帝夜间梦见昭君而惊醒，又听到孤雁哀鸣，伤痛不已，后将毛延寿斩首以祭奠昭君。

《汉宫秋》中的王昭君，是作者高度赞扬的人物。作品创造了王昭君在番汉交界处舍身殉难的情节。由于王昭君的慷慨殉难，既保全了民族气节和对元帝的忠贞，又达到了匈奴与汉朝和好，并使毛延寿被送回汉朝处死的目的。因此，王昭君以身殉难的悲壮之举，与那"只凭佳人平定天下"的屈辱求和之举，形成了鲜明的对比。全剧用明妃一女人的正气，充分地反衬出那些以"女色败国论"来文过饰非者的怯懦与无耻。昭君既有对元帝的眷恋之情，又能为"国家大计"而毅然地"出塞和番"，并不惜以身殉国难，这就充分表现了作者对她的深切同情和高度赞扬。

考试链接

1. 下列与《咏怀古迹》(其三)中"环珮空归月夜魂"意境相同的一项是（　　）

①昭君不惯胡沙远　　②但暗忆江南江北
③想珮环月夜归来　　④昭君自有千秋在，胡汉和亲见识高

A. ①②　　　　　　B. ②③
C. ②④　　　　　　D. ①③

2. 《咏怀古迹》(其三)歌咏王昭君其人其事，寄寓了怎样的情感？中间两联主要运用了什么表现手法？

编注者：吴永清

【参考答案】
1. D　①③和例句都是表达王昭君受不了大漠之苦，而幽魂归汉。
2. 这首诗对王昭君寄寓了深厚的同情，也暗含了怀才不遇、抱负不得施展的怅惘。中间两联，主要运用了对比和反衬的手法来写王昭君的悲剧。这里有去与留的对比，离开了不该离开的祖国，留在了不该留下的荒漠；有生与死的对比，生时可以"识"却没能"识"，死了不能归却魂魄归来。通过这些对比，反衬出昭君出塞的悲惨命运。

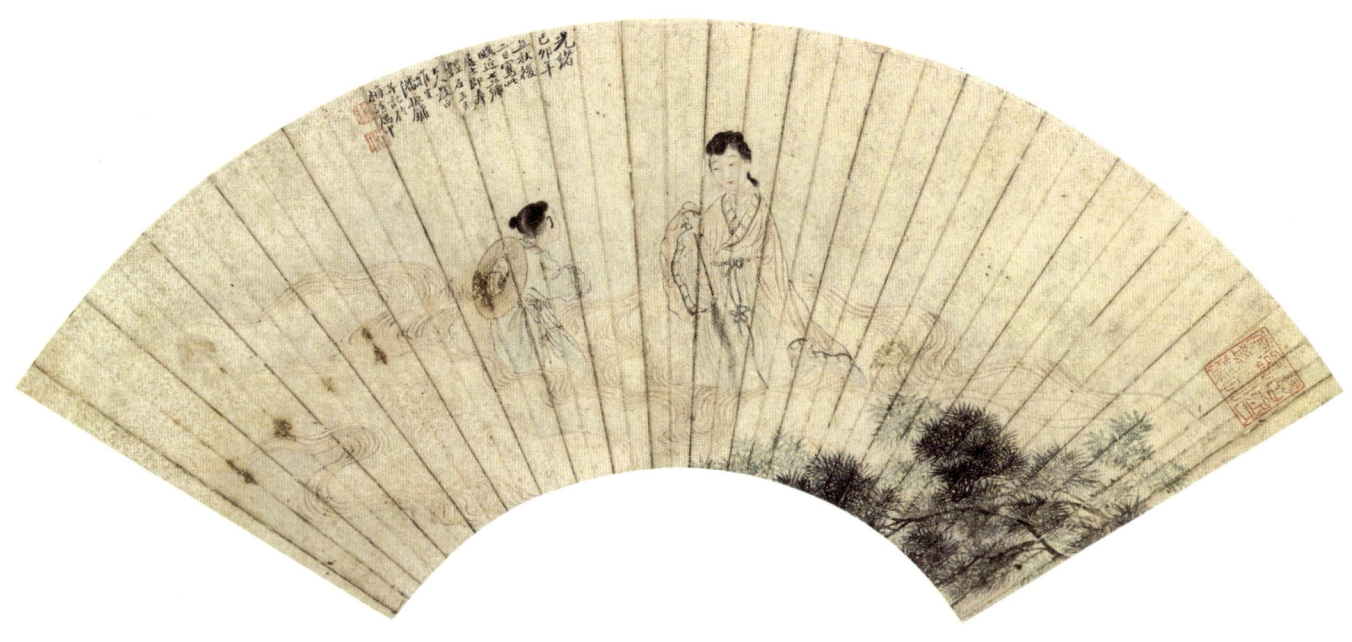

潘振镛 《洛神图》

浪 淘 沙
写 梦

[清] 龚自珍

好梦最难留,吹过仙洲①。寻思依样②到心头。去也无踪寻也惯,一桁③红楼。

中有话绸缪④,灯火帘钩。是仙是幻是温柔。独自凄凉还自遣⑤,自制离愁。

注释

①仙洲:海上仙境。
②依样:照原样。句意即欲重温旧梦。
③一桁(héng):一座。桁,梁上的横木。
④绸缪:犹缠绵,形容情深意挚。
⑤自遣:自我排遣。

古词今读

美梦最难留住,梦中好似被风吹着飞越大海到了神仙居住的地方。梦醒后依然想着那美梦,好想把它完整的唤回来。美梦去的时候无影无踪,找回它也已习以为常了,每当想起它,眼前首先浮现的是一座红楼。

梦里那红楼中的人有说不完的话,缱绻缠绵,不知不觉已到夜阑灯上时,银钩乍摘,宝帘轻放。这是仙境、幻境还是温柔乡呢?美梦已远去,梦醒后,更加重了孤独寂寞的我的凄凉。这浓浓的因梦而引起的凄凉还要靠我自己排遣。

赏析要点

这首词出自《无著词选》,为龚自珍弱冠初学填词时所作。夏闰枝云:"《无著词》一篇,皆实事也,其事深秘有不可言者",可见"写梦"之梦并不缥缈,系有真实的事件与情感贯穿其间。青春时期,爱潮涌动,也最宜寄托于小词。

出于情感的患得患失、迷茫怅惘,这首小词也相应地呈现迷离惝恍的风貌。将实存的情感虚化为空灵的梦境是一方面;"写梦"的过程中又以"仙洲""红楼"等意象竭力张扬其幽幻邃远之致是另一方面。二者结合,到下片乃有"是仙是幻是温柔"之一问,乃有"独自凄凉还自遣"之结局,其情之恍惚,令人感慨;用情之深、之苦,又令人动容。

此词虽少年之作,我们已可领略龚自珍"能为飞仙之语"的别具一格的才性,其"绵丽飞扬"的词风也初见端倪。不过,仅就此期创作而言,还是作者外祖父段玉裁的评价"银碗盛雪,明月藏鹭,中有异境"(《经韵楼集?怀人馆词序》)更能道中其秀美与圆融的特征。

作者掠影

龚自珍(1792~1841),清代思想家、文学家及改良主义的先驱者。初名自逻,后名自珍;始字爱吾,又字尔玉,旋改璱人,号定盦,亦作定庵、定公、定庵道人。后人亦常称之为"龚定庵",浙江仁和(杭州)人。27岁中举人,38岁中进士。曾任内阁中书、宗人府主事和礼部主事等官职。主张革除弊政,抵制外国侵略,曾全力支持林则徐禁除鸦片。48岁辞官南归,次年暴卒于江苏丹阳云阳书院。他的诗文主张"更法""改图",揭露清统治者的腐朽,洋溢着爱国热情,被柳亚子誉为"三百年来第一流"。著有《定庵文集》,留存文章300余篇,诗词近800首,今人辑为《龚自珍全集》。著名诗作《己亥杂诗》共315首。多咏怀和讽喻之作。

延伸阅读

爱国才子,丁香结愁
——哀叹龚自珍

龚自珍,出身于世代官宦学者家庭。他身为贵公子而才华出众,少年时的他爱好经世之学,但仕途坎坷,十九岁起考功名,四次乡试才得到举人的资格,五次会试落第,直到三十八岁才勉强考上三甲进士。他在殿试《对策》答卷中仿效王安石"上仁宗皇帝言事书",撰《御试安边抚远疏》,议论新疆平定准格尔叛乱后的善后治理,从施政、用人、治水、治边等方面提出改革主张。"胪举时事,洒洒千余言,直陈无隐,阅卷诸公皆大惊。然而主持殿试的大学士曹振镛是个有名的"多磕头、少说话"的三朝不倒翁,他"以楷法不中程,不列优等",将龚自珍置于三甲第十九名,不得入翰林,仍为内阁中书。在历任京官的20年中,龚自珍虽困觊闲曹,仍屡屡上书,指斥时弊,但都未被采纳,甚至被同僚视为"痼疾"。这一时期,他也撰写了更加成熟的一些政论,如《乙丙之际箸议》《大誓答问》《古史钩沉论》等,讥刺封建官僚的昏庸。

在京中,龚自珍任宗人府主事时,官职清闲。并无他太多的用武之地,他平生所学的治国齐家平天下的理论,得不到任何施展的机会,他只得选择了古往今来文人都选择的一条路——寄情诗词。他利落干净的文风不仅深受姚莹、汤鹏、张际亮、黄爵滋、包世臣等人的赏识,也吸引了大清第一女词人顾太清,所以两人成了挚友。然而两人的君子之交好景不长,因受始终记恨龚自珍的陈文述所迫害,使得龚自珍辞官孤独离京,使得身为皇家侧福晋的顾太清沦落到身无分文、租住破屋、独自艰难抚养儿女的地步。后来虽然从绝境中顿悟的顾太清平静的生活到老,但是龚自珍却始终活在愧疚中,最终抑郁而终。

龚自珍这一生,着实可悲可叹。

考试链接

1. 《浪淘沙·写梦》这首词运用了什么写作技法?有什么作用?
2. 如何理解《浪淘沙·写梦》中作者的"愁"?

编注者:王海燕

【参考答案】
1. 虚实结合,虚写梦实写现实生活,将真实的事件与情感贯穿在梦中,其情之恍惚,令人感慨;用情之深之苦,又令人动容。
2. 青春时期爱潮涌动,用情之深之苦却不被识得的愁。

齐白石 《樱桃图》

一剪梅
舟过吴江①

〔宋〕蒋捷

一片春愁待酒浇②。江上舟摇，楼上帘招③。秋娘渡④与泰娘⑤桥，风又飘飘，雨又萧萧⑥。

何日归家洗客袍？银字笙⑦调，心字香⑧烧。流光容易把人抛，红了樱桃，绿了芭蕉。

注释

①吴江：今江苏县名。在苏州南。
②浇：浸灌，消除。
③帘招：指酒旗。
④秋娘渡：指吴江渡。秋娘，唐代歌伎常用名，或有用以通称善歌貌美之歌伎者。又称杜仲阳，为唐德宗时镇海军节度史李侍女。
⑤泰娘：唐歌伎名，桥是用她们的名字命名的。唐刘禹锡《泰娘歌》："泰娘家本阊门西，门前绿水环金堤。"后亦以"泰娘"称吴地歌伎。
⑥萧萧：雨声。
⑦银字笙：管乐器的一种。
⑧心字香：点熏炉里心字形的香。

古词今读

船在吴江上飘摇，我满怀羁旅的春愁，看到岸上酒帘子在飘摇，招揽客人，便产生了借酒消愁的愿望。船只经过令文人骚客遐想不尽的胜景秋娘渡与泰娘桥，也没有好心情欣赏，眼前是"风又飘飘，雨又潇潇"，实在令人烦恼。

哪一天能回家洗客袍，结束客游劳顿的生活呢？哪一天能和家人团聚在一起，调弄镶有银字的笙，点燃熏炉里心字形的盘香？春光容易流逝，使人追赶不上，樱桃才红熟，芭蕉又绿了，春去夏又到。

赏析要点

宋亡，作者深怀亡国之痛，隐居姑苏一带太湖之滨，漂泊不仕。此词为作者乘船经过吴江县时，见春光明艳的风景借以反衬自己羁旅不定的生活所作的一首词，表现作者乘船漂泊在途中倦懒思归之心情。

起笔点题，指出时序，点出"春愁"的主旨。"一片春愁待酒浇"，"一片"言愁闷连绵不断。"待酒浇"，是急欲要排解愁绪，表现了他愁绪之浓。词人的愁绪因何而发，这片春愁缘何而生。接着便点出这个命题。

随之以白描手法描绘了"舟过吴江"的情景："江上舟摇，楼上帘招。秋娘渡与泰娘桥，风又飘飘，雨又萧萧"，这"江"即吴江。一个"摇"字，颇具动态感，带出了乘舟的主人公的动荡飘泊之感。"招"，意为招徕顾客透露了他的视线为酒楼所吸引并希望借酒浇愁的心理。这里他的船已经驶过了秋娘渡和泰娘桥，以突出一个"过"字。"秋娘""泰娘"是唐代著名歌女。作者单用之。心绪中难免有一种思归和团聚的急切之情。飘泊思归，偏逢上连阴天气。作者用"飘飘""萧萧"描绘了风吹雨急。"又"字含意深刻，表明他对风雨阻归的恼意。这里用当地的特色景点和凄清、伤悲气氛对愁绪进行了渲染。

"何日归家洗客袍？银字笙调，心字香烧"。首句点出"归家"的情思，"何日"道出飘泊的厌倦和归家的迫切。想象归家后的温暖生活，思归的心情更加急切。"何日归家"四字，一直管着后面的三件事：洗客袍、调笙和烧香。"客袍"，旅途穿的衣服。调笙，调弄有银字的笙，烧香，点熏炉里心字形的香。这里是白描，词人想象归家之后的情景：结束旅途的劳顿，换去客袍；享受家庭生活的温馨，娇妻调弄起镶有银字的笙，点燃熏炉里心字形的香。白描是为了渲染归情，用美好和谐的家庭生活来突出思归的心绪。作者词中极想归家之后佳人陪伴之乐，思归之情段段如此。"银字"和"心字"给他所向往的家庭生活，增添了美好、和谐的意味。

下片最后三句非常精妙。"流光容易把人抛"，指时光流逝之快。"红了樱桃,绿了芭蕉"化抽象的时光为可感的意象,以樱桃和芭蕉这两种植物的颜色变化,具体地显示出时光的奔驰,也是渲染。蒋捷抓住夏初樱桃成熟时颜色变红,芭蕉叶子由浅绿变为深绿,把看不见的时光流逝转化为可以捉摸的形象。春愁是剪不断、理还乱。词中借"红""绿"颜色之转变,抒发了年华易逝,人生易老的感叹。

作者掠影

蒋捷(约1245~1305),字胜欲,号竹山,南宋词人,宋末元初阳羡(今江苏宜兴)人。先世为宜兴巨族,咸淳十年(1274)进士。南宋亡,深怀亡国之痛,隐居不仕,人称"竹山先生",因《一剪梅·舟过吴江》中"流光容易把人抛,红了樱桃,绿了芭蕉",故后人又称其为"樱桃进士",其气节为时人所重。长于词,与周密、王沂孙、张炎并称"宋末四大家"。其词多抒发故国之思、山河之恸,风格多样,而以悲凉清俊、萧寥疏爽为主。尤以造语奇巧之作,在宋代词坛上独标一格,有《竹山词》1卷,收入毛晋《宋六十名家词》本、《疆村丛书》本;又《竹山词》2卷,收入涉园景宋元明词续刊本。

延伸阅读

生不逢时的高富帅

蒋捷出生于权贵之家,是一枚典型的高帅富。少年时期,过着典型的贵公子生活,徜徉在歌楼之上,风流于罗帐之中。三十岁那年才中进士,奈何和绝大多数文人一样,逃不过时运不济这四个字,过了几年安稳的官宦生涯,宋朝便灭亡了。所以蒋捷身上大概是有着一个大写的生不逢时。南宋本来在这百年之间就风雨飘摇,金兵入宋之后更是雪上加霜。即使诗书满腹,一腔抱负,但如何抵挡得住历史的巨轮呢?后来的蒋捷隐居山林,日子过得很清苦。国破家难在,故乡成了他再也回不去的地方。归家洗客袍的那日,怕是等也等不到了。

不必心酸。大多数人从诗中照见的都是自己的轨迹。不必执着于过往,不必觉得人生沧桑。来路道阻且长,悲欢离合纵然无情,风吹雨打更是冰冷。不妨学一学蒋捷,就算不能把这痕迹变成诗词,也可用其他的来冲淡这心酸,无论阶前点滴多久,总归有天明的时候。

考试链接

1. "何日归家洗客袍?银字笙调,心字香烧"在写法上有何特点?这样写有什么作用?

2. 赏析"流光容易把人抛,红了樱桃,绿了芭蕉"一句中"红""绿"二字的表达效果。

编注者:戴宏辉

【参考答案】

1. 词人展开想象,着力写归家之后调弄银笙、点熏心香的温暖生活,使思归的心情显得更加急切。
2. 夏初樱桃成熟时颜色变红,芭蕉叶子由浅绿变为深绿,"红""绿"二字把看不见的时光流逝转化为可以捉摸的形象,词人借颜色之转变,抒发了年华易逝,人生易老的感叹。

月下独酌①

[唐] 李白

花间一壶酒,独酌无相亲。
举杯邀明月,对影成三人②。
月既③不解④饮,影徒⑤随我身。
暂伴月将⑥影,行乐须及春⑦。
我歌月徘徊⑧,我舞影零乱⑨。
醒时相交欢⑩,醉后各分散。
永结无情⑪游,相期⑫邈⑬云汉⑭。

注释

①独酌:一个人饮酒。
②成三人:明月和我以及我的影子恰好合成三人。
③既:且。
④不解:不懂。
⑤徒:空。
⑥将:和。
⑦及春:趁着青春年华。
⑧月徘徊:明月随我来回移动。
⑨影零乱:因起舞而身影纷乱。
⑩交欢:一起欢乐。
⑪无情:忘却世情。
⑫相期:相约。
⑬邈:遥远。
⑭云汉:银河。

古诗今读

在花丛中摆上一壶美酒,我自斟自饮,身边没有一个亲友。

举杯向天,邀请明月,与我的影子相对,便成了三人。

明月既不能理解开怀畅饮之乐,影子也只能默默地跟随在我的左右。

我只得暂时伴着明月、清影,趁此美景良辰,及时欢娱。

我吟诵诗篇,月亮伴随我徘徊,我手舞足蹈,影子便随我蹁跹。

清醒时我与你一同分享欢乐,沉醉便再也找不到你们的踪影。

让我们结成永恒的友谊,来日相聚在浩邈的云天。

赏析要点

诗人上场时,背景是花间,道具是一壶酒,登场角色只是他一个人,动作是独酌,加上"无相亲"三个字,场面单调得很。于是诗人突发奇想,把天边的明月和月光下他的影子,拉了过来,连他自己在内,化成了三个人,举杯共酌,冷清清的场面,就热闹起来了。这是"立"。

可是,尽管诗人那样盛情,"举杯邀明月",明月毕竟是"不解饮"的。诗人姑且暂时将明月和身影做伴,在这春暖花开之时,及时行乐。这四句又把月和影之情,说得虚无不可测,推翻了前案,这是"破"。

诗人已经渐渐进入醉乡了,酒兴一发,既歌且舞。歌时月色徘徊,依依不去,好像在倾听佳音;舞时诗人的身影,在月光之下,也转动零乱,好像在他共舞。醒时相互欢欣,直到酩酊大醉,躺在床上时,月光与身影,才无可奈何地分别。"我歌月徘徊,我舞影零乱,醒时相交欢,醉后各分散",这四句又把月光和身影,写得对诗人一往情深。这又是"立"。

最后二句,诗人真诚地和"月""影"相约:"永结无情游,相期邈云汉。"然而"月"和"影"毕竟还是无情之物,把无情之物,结为交游,主要还是在于诗人自己的有情,"永结无情游"句中的"无情"是破,"永结"和"游"是立,又破又立,构成了最后的结论。

于我而言,李白的《月下独酌》弥漫着孤独的气息。只不过,孤独于诗人更像是一种选择:不是无人理睬的寂寞，而是一个灵魂饱满丰沛的人自我和自我的对话。月光清影看似虚幻，却也是诗人身边仰观俯拾最易得的真实。月光清澈永恒，可以承载诗人的浓情——"我歌月徘徊"；清影无言无意，却可默契随身——"我舞影零乱"，大自然永远是李白诗意栖居的心灵家园。结语"醒时同交欢，醉后各分散，永结无情游，相期邈云汉"尤动人心：醉酣难得糊涂，永结却是无情，期许的只能是缥缈云汉。李白总是李白，洒脱如斯，冷静如斯。无论对饮独酌，对人对景，那个率真完整的自我一直在。

有时你终生寻找的另一半也许就是或只能是你自己，那么且请"月下独酌"，"我歌月徘徊，我舞影零乱"，这是属于一个人的太虚幻境，属于一个人的啼笑姻缘，一个人能享受到的最大骄傲和圆满。洒脱蕴含孤独，孤独的那么洒脱，诗人的灵魂之美近乎神迹。

作者掠影

李白，唐代伟大诗人。字太白，号青莲居士，陇西成纪（甘肃秦安西北）人，其先祖于隋末战乱逃至碎叶（今吉尔吉斯共和国托克马克附近），李白即出生于此。李白少年时代就观奇书，游仙山，好剑术，有多方面的才能和兴趣。唐中宗神龙元年（705）举家迁居四川绵州。曾任翰林供奉，因称李翰林。贺知章誉其为"天上谪仙人"，后人又称"李谪仙"。然而唐玄宗只让李白待诏翰林，作文学侍从之臣，李白的大志无法实现。李白性格傲岸不羁，也不能忍受摧眉折腰事权贵的生活。三年后李白因遭谗毁，自请还山，离开长安。他只能游山访仙，痛饮狂歌，以排遣怀才不遇的忧愤。但他始终没有放弃建立伟业，成为非凡人物的理想。安史之乱爆发后，李白曾应邀入永王李璘幕府，又以为获得了建功立业的机会，咏出"但用东山谢安石，为君谈笑静胡沙"的豪迈诗句。永王军队为唐肃宗消灭后，李白也受牵连入狱，后来在流放夜郎的途中遇赦。直到六十一岁时，李白还请求从军入幕，希望能有"一割之用"，却因病在途中折回，未能如愿。六十二岁时在他的族叔当涂县（安徽马鞍山）令的李阳冰家陨亡。

延伸阅读

李白笔下的月光世界

李白笔下的月光世界充满灵机奇趣，能从中看见有着独特个性的诗人自己。

李白最喜爱的月下活动是泛舟,而他自己的说法叫作泛月:"秀色不可名,清辉满江城。人游月边去,舟在空中行。"(《送魏万还王屋》)李白的泛月诗,画面均极美,闲情逸致中流露出不合流俗的高雅情怀。醉月的名篇也不胜枚举,比如本篇。李白饮酒诗突出一个"豪"字,咏月诗突出一个"逸"字,二者结合,便表现出一种既豪放又飘逸的性格——可用"清狂"二字概括,这种清狂性格一方面说明诗人的骄傲和对污浊现实的轻蔑,同时又流露出深深的孤独感。李白还有些写他步月而归的诗,心情平和,于闲适中同样流露出极深的孤独感:"暮从碧山下,山月随人归。却顾所来径,苍苍横翠微。"(《下终南山》)"对酒不觉眠,落花盈我衣。醉起步溪月,鸟还人亦稀。"(《自遣》)

至于完全寄兴于想象的写月作品,如:"俱怀逸兴壮思飞,欲上青天揽明月。"(《谢朓楼饯别》),"我寄愁心与明月,随君直到夜郎西。"(《闻王昌龄左迁龙标遥有此寄》)明月可乘,可揽,可寄,都是李白的发明,大胆的想象传达出童稚般天真的性格。有趣还有赊月:"南湖秋水夜无烟,耐可乘流直上天。且就洞庭赊月色,将船买酒白云边。"(《陪族叔晔及贾至游洞庭》其二)"昔日绣衣何足荣,今宵贳酒与君倾。暂就东山赊月色,酣歌一夜送渊明。"(《送韩侍御之广德》),"清风朗月不用一钱买",即使要钱,也可以赊。这种妙趣横生的想象,表现出诗人以天地为衾枕的襟怀。

月光世界里的李白,呈现出天真纯朴、平易近人、热爱生活和富于情趣的性格,十分可爱。

考试链接

1. 诗人笔下,月亮不仅是美好事物的象征,也成了诗人思想感情的寄托。本诗"月"的形象有什么特点?

2. 诗人与明月之间亲密欢洽的举动表达了诗人怎样的思想感情?

编注者:陈义梅

【参考答案】
1. 诗人借助丰富想象,以拟人手法深情写月,他笔下之月善解人意,可喜可亲。
2. 诗人与明月之间的亲密欢洽,反衬了诗人在人世间的孤独,侧面表现了诗人对社会的愤懑和厌恶,也表现了诗人遗世独立的高洁人格。

[清]　陈字　《拜石图轴》

苍松怪石图题诗

[清] 李方膺

君不见,岁之寒,何处求芳草。

又不见,松之乔①,青青复矫矫②。

天地本无心,万物贵其真③。

直干壮④川岳⑤,秀色无等伦⑥。

饱历冰与霜,千年方未已⑦。

拥护天阙⑧高且坚,迥⑨干春风碧云里。

注释

①乔:高大。
②矫矫(jiǎo):强健勇武的样子。
③真:本真。
④壮:使……更壮观。
⑤岳:高大的山。
⑥无等伦:无与伦比。
⑦方未已:没有停止。
⑧天阙:天宫。阙,宫殿。
⑨迥:远。

古诗今读

你看见了吧,岁寒之末,哪里去寻找芳草呢。

你也看见了吧,青松屹立,寒风中依然苍翠挺拔。

天地之间本来没有刻意修饰,世间万物贵在保持本真。

他苍劲的枝干使山峰雄壮，任何青秀景色都无与伦比。

他饱经风霜冰雪，经历千年万年从未停止。

他挺拔的身姿直插碧空云天，在青天之上迎接春风到来。

赏析要点

清代诗画家李方膺，其作品笔法老道，苍劲豪放，水墨淋漓，简洁明快，表现宁折不弯的倔强个性，画如其人，诗如其人。《苍松怪石图题诗》描绘了苍松的质朴坚强，托物言志，表现了他不屈从权贵、耿直廉洁的铮铮铁骨。

画中怪石耸立，为苍松创设了极其恶劣的生存环境，但苍松不屈不挠，扎根岩石，即使岁寒之末，依然挺拔青翠。松为人，人为松，彼此呼唤，彼此应答，诠释了自然万物互为滋养的生存哲理。

"君不见，岁之寒，何处求芳草。又不见，松之乔，青青复矫矫。"这一层描写万物凋零之际，青松傲然，为大地增添了绿意骄姿。

"天地本无心，万物贵其真"，这似乎是一则隐语，饱含着作者对青松坚守本质的褒扬之意。

"直干壮山岳。秀色无等伦。饱历与冰霜，千年方未已。"这一层高度赞美苍松不畏严寒的坚韧品格。

"拥护天阙高且直，迥于春风碧云里"，此句从松的外形入手，为诗歌创设了高远的意境。"春风碧云"句带给读者无限的希望与憧憬，与"冬天已经来了，春天还会远吗"异曲同工。

这首诗描绘了苍松岁寒之际坚守质朴的坚韧品格，托物言志，表现出作者不屈从权贵、耿直廉洁的铮铮铁骨。

作者掠影

李方膺（1695～1755），清代诗画家。字虬仲，号晴江，别号秋池、抑园、白衣山人，乳名龙角。通州（今江苏南通）人。曾任乐安县令、兰山县令、潜山县令、代理滁州知州等职，因遭诬告被罢官，去官后寓居扬州借园，自号借园主人，以卖画为生。与李鱓、金农、郑燮等往来，工诗文书画，擅梅、兰、竹、菊、松、鱼等，注重师法传统和师法造化，能自成一格，其画笔法苍劲老道，剪裁简洁，不拘形似，活泼生动，为扬州八怪之一。

延伸阅读

赏心只有两三枝

曹洁

李方膺，"扬州八怪"之一，清代诗画家，书画诗词俱佳，善画松、竹、兰、菊、梅、杂花及虫鱼，也能画人物、山水，尤精画梅，以瘦硬见称。其题画诗清新自然，别有意趣。且读清·李方膺题画诗《梅花》：

写梅未必合时宜，莫怪花前落墨迟。
触目横斜千万朵，赏心只有两三枝。

这首诗看似在说画梅须合时宜，因为能够入眼的梅花真是太少了，但游离诗意，我们也可将人与梅的对视，延伸为一种相互对立又相互依存的关系。

观其对立而言，梅迎雪而开，最合时宜，满树凝艳，每一朵都是怒放的魂，是雪的精魂，这是梅的宿命，也是自我生命的完美呈现；赏花人以自我心性观梅、品梅，理智取舍，无可厚非，但自由的是人，人能赏花，且能拣赏心的花赏，花却不能选择知音。梅花无语，自然而放，赏花人亦无语，独立叹惋。相持许久，人与梅对立难解，近在咫尺，却云山阻隔，可望而不可即。

观其依存而言，梅盛放于数九寒天，人冒雪走近欣赏，是为幸；人独立冰天雪地，身心俱寒，梅花像火焰燃烧，即便"赏心只是两三枝"，又有何妨？这两三枝已成暗香浮动之境。对一朵花而言，最幸福的莫过于有一个人独立树旁，悄然聆听花开的清音；对一个人而言，最幸运的莫过于遇到相知的梅，欣赏她，读懂她，爱惜她。

这是人的幸运，也是梅的幸运。

考试链接

1. 与"饱历冰与霜"中"饱"的意思相同的一项是（　　）
A. 吃饱了
B. 饱览群书
C. 中饱私囊

2. 下列读音完全正确的一项是（　　）
A. 耸（sǒng）立　　挠（ráo）痒
B. 抒（shū）情　　屹（yì）立

C. 天阙（què）　迥（tóng）干

3. "天地本无心，万物贵其真"怎么翻译？

4. 写出一句赞美松树的诗句。

编注者：曹　洁

【参考答案】

1. B
2. B
3. 天地之间本来没有修饰，世间万物贵在保持本真。
4. 示例：①钢钉直插大地，利剑直刺苍穹；②幸有西风易凭仗，夜深偷送好声来。

[明] 仇英 《人物故事图》

无 题

[唐] 李商隐

扫一扫，听朗读

昨夜星辰昨夜风，画楼西畔桂堂①东。

身无彩凤双飞翼，心有灵犀②一点通。

隔座送钩③春酒暖，分曹④射覆⑤蜡灯红。

嗟余听鼓⑥应官⑦去，走马兰台⑧类转蓬。

注释

①画楼、桂堂：都是比喻富贵人家的屋舍。
②灵犀：旧说犀牛有神异，角中有白纹如线，直通两头。
③送钩：也称藏钩。古代腊日的一种游戏，分二曹以较胜负。把钩互相传送后，藏于一人手中，令人猜。
④分曹：分组。
⑤射覆：在覆器下放着东西令人猜。分曹、射覆未必是实指，只是借喻宴会时的热闹。
⑥鼓：指更鼓。
⑦应官：犹上班。
⑧兰台：即秘书省，掌管图书秘籍。李商隐曾任秘书省正字。这句从字面看，是参加宴会后，随即骑马到兰台，类似蓬草之飞转，实则也隐含自伤飘零意。

古诗今读

昨夜星光灿烂，夜半却有习习凉风；我们酒筵设在画楼西畔、桂堂之东。

身上无彩凤的双翼，不能比翼齐飞；内心却像灵犀一样，感情息息相通。

互相猜钩嬉戏,隔座对饮春酒暖心;分组来行酒令,决一胜负烛光泛红。

可叹呵,听到五更鼓应该上朝点卯;策马赶到兰台,像随风飘转的蓬蒿。

赏析要点

首联"昨夜星辰昨夜风,画楼西畔桂堂东"以曲折的笔墨写欢聚的时间和地点,也是写环境。在艺术上,词人运用反复手法,使"昨夜"反复出现,不但强调了时间,而且语气舒缓,有荡气回肠之美。"画楼西畔桂堂东"是地点。在这样星光灿烂、凉风习习的夜晚,在这个雕梁画栋、灯火辉煌的地方,到底发生了什么故事,引发我们的想象和阅读兴趣。

颔联写今日的相思。诗人已与意中人分处两地,"身无彩凤双飞翼"写怀想之切、相思之苦:恨自己身上没有五彩凤凰一样的双翅,可以飞到爱人身边。"心有灵犀一点通"写相知之深:彼此的心意却像灵异的犀牛角一样,息息相通。"身无"与"心有",一外一内,一悲一喜,矛盾而奇妙地统一在一体,痛苦中有甜蜜,寂寞中有期待,相思的苦恼与心心相印的欣慰融合在一起,将那种深深相爱而又不能长相厮守的复杂微妙的心态刻画得细致入微、惟妙惟肖。

颈联写宴会上的热闹。这应该是诗人与佳人都参加过的一个聚会。宴席上,人们玩着隔座送钩、分组射覆的游戏,觥筹交错,灯红酒暖,其乐融融。昨日的欢声笑语还在耳畔回响,今日的宴席或许还在继续,但已经没有了诗人的身影。宴席的热烈衬托出诗人的寂寥,颇有"热闹是他们的,而我什么也没有"的凄凉。

尾联写人在江湖身不由己的无奈:可叹我听到更鼓报晓之声就要去当差,在秘书省进进出出,好像蓬草随风飘舞。这句话应是解释离开佳人的原因,同时流露出对所任差事的厌倦,暗含身世飘零的感慨。在这"自伤飘零"中,加强了对爱人的无尽思念之情。

这首诗着重抒写昨夕相爱而又受到阻隔时对意中人的思念,表现出痛苦而又欣慰的复杂内心感受。

作者掠影

李商隐(813~858),唐代著名诗人。字义山,号玉谿生,又号樊南生。擅长诗歌写作,骈文文学价值也很高,他是晚唐最出色的诗人之一,和杜牧合称"小李杜",与温庭筠合称为"温李",因诗文与同时期的段成式、温庭筠风格相近,且三人都在家族里排行第十六,故并称为"三十六体"。其诗构思新奇,风格秾丽,尤其是一些爱情诗和无题诗写得缠绵悱恻,优美动人,广为传诵。但部分诗歌过于隐晦迷离,难于索解,至有"诗家总爱西昆好,独恨无人作郑笺"之说。因处于牛李党争的夹缝之中,一生不得志。死后葬于家乡沁阳(今沁阳与博爱县交界之处)。作品收录为《李义山诗集》。

延伸阅读

夹缝中求生存
——李商隐和苏轼

李商隐,唐晚时期的著名诗人;苏轼,北宋著名的词人。一个诗风偏婉约,一个诗风属豪放,除了都是名垂千古的文学大家以外,他们二人似乎没有什么共同点。但在那个"学而优则仕"的封建社会,每个出色的文人都有"致君尧舜上,再使风俗淳"的政治理想,只是真正能"吏隐兼遂"的没有几个。"文章憎命达"似乎是一个无法破解的二元悖反,杜甫、李白是这样,陆游和辛弃疾也是这样,还有许许多多的文人都是这样。也许真正的文学本来就是诉说悲伤的。

同样,李商隐和苏轼也不例外。如果说他二人有共同点,那就是他们一生都在夹缝中求生存。

要说李商隐一生的宦海沉浮,不得不说晚唐的"牛李党争"。

牛李党争是指唐后期以牛僧孺、李宗闵等为领袖的牛党与李德裕、郑覃等为领袖的李党之间的争斗。

唐大和三年(829年),李商隐举家迁至洛阳,结识白居易、令狐楚等前辈。令狐楚欣赏李商隐的文才,对其十分器重,让李商隐与其子令狐绹等交游。李商隐多次考取功名未能考中,而他于开成二年的中举,也正是令狐父子对当值考官施加影响的结果。所以令狐父子对李商隐可谓有知遇之恩。

开成三年(838年)春,应博学宏辞试不取,在参与料理令狐楚的李商隐丧事后不久,李商隐应泾原节度使王茂元的聘请,去泾州(治今甘肃泾川县北)做了王的幕僚。王茂元对李商隐的才华非常欣赏,并将女儿嫁给了他。

李商隐的尴尬处境在于，王茂元与李德裕交好，被视为"李党"的成员；而令狐楚父子属于"牛党"。

李商隐本人可能原想置身于牛李党争之外，他的交往有牛有李，诗文中对两方都有所肯定，也都有所批评。然而，在政治斗争中想要保持中立，显然只能是一厢情愿。结果是李商隐两边不讨好，令狐绹尤其厌恶他，认为他忘恩负义。

在这种情况下，李商隐的仕途显然无法顺利，他一生的大部分时间都在一些外派官员的幕下供职。事实上，无论是"牛党"还是"李党"得势，李商隐从来没有机会晋升。他的政治生涯结束于唐宣宗大中十二年（856），其时他追随盐铁转运使柳仲郢，担任盐铁推官，当柳被调任兵部尚书时，他也随即失去工作。在回到家乡后不久即病故。

要谈苏轼一世的仕途荣辱，不得不提北宋的"王安石变法"。

王安石变法是宋神宗时期，王安石发动的旨在改变北宋建国以来积贫积弱局面的一场社会改革运动。

王安石变法一定程度上改变了北宋积贫积弱的局面，充实了政府财政，提高了国防力量，对封建地主阶级和大商人非法渔利也进行了打击和限制。但是，变法在推行过程中也造成了百姓利益受到不同程度的损害（如保马法和青苗法），所以遭到以司马光为首的保守派的强烈反对。但当时宋神宗正热衷于变法，司马光被罢免相位。

熙宁四年（1071年），苏轼上书谈论新法的弊病。王安石颇感愤怒，于是让御史谢景在神宗面前陈说苏轼的过失。苏轼于是请求出京任职，被授为杭州通判。乌台诗案是苏轼一生的转折点。新党们非要置苏轼于死地不可，幸亏朝中一些元老和有识之士的力保，最终得以从轻发落，贬至黄州。

元丰八年（1085年），宋哲宗即位，司马光重新被启用为相，以王安石为首的新党被打压。苏轼复为朝奉郎知登州（蓬莱）。四个月后，以礼部郎中被召还朝。当苏轼看到新兴势力拼命压制王安石集团的人物及尽废新法后，认为其与所谓"王党"不过一丘之貉，再次向朝廷提出谏议。他对旧党执政后，暴露出的腐败现象进行了抨击，由此，他又引起了保守势力的极力反对，于是又遭诬告陷害。苏轼至此是既不能容于新党，又不能见谅于旧党，因而再度自求外调。

元祐六年（1091年），他又被召回朝。

元祐八年高太后去世，哲宗执政，新党再度执政，苏轼再次被贬至惠阳（今广东惠州市）。绍圣四年（1097年），年已六十二岁的苏轼被一叶孤舟送到了徼边荒凉之地海南岛儋州（今海南儋州市）。元符三年四月（1100年），朝廷颁行大赦，苏轼复任朝奉郎。北归途中，苏轼于建中靖国元年七月二十八日（1101年8月24日）在常州（今属江苏）逝世，享年六十五岁。

李商隐和苏轼用一生的时间来给我们展示什么是夹缝中求生存，也正是在这种夹缝中，在仕途最坎坷，人生最失意的时刻，诗的灵感如火山喷发，美丽的诗篇喷涌而出，为中国文学的绚丽画卷描下了浓墨重彩的一笔。真是"诗家不幸诗坛幸"啊！

考试链接

1. 李商隐的无题诗（昨夜星辰昨夜风）是描写爱情的诗吗？如果是，那这首诗是怎样表达的？
2. 诗中比喻富贵人家的楼宇居室的有（　　）
   A. 兰台　　　　B. 桂堂
   C. 分曹　　　　D. 画楼

编注者：王叶婷

【参考答案】
1. 这是一首恋情诗。诗人追忆昨夜参与的一次贵家后堂之宴，表达了与意中人席间相遇、心意相通却又无奈分离的惆怅。
2. BD

浪 淘 沙

[五代] 李煜

帘外雨潺潺①,春意阑珊②,罗衾③不耐④五更寒。梦里不知身是客⑤,一晌⑥贪欢⑦。

独自莫凭栏,无限江山,别时容易见时难。流水落花春去也,天上人间。

注释

①潺潺:形容雨声。
②阑珊:春残、春晚、衰残。
③罗衾(qīn):绸被子。
④不耐:受不了。
⑤身是客:指被拘汴京,形同囚徒。
⑥一晌(shǎng):一阵子、一会儿、片刻。
⑦贪欢:指贪恋梦境中的欢乐。

古词今读

门帘外传来潺潺的雨声,浓郁的春意渐渐凋残。只盖罗织的锦被是禁受不住五更时的冷寒。在迷梦中才能忘掉自身是阶下囚,享受着这片刻的欢愉。

不要独自一人凭栏远眺,遥望这辽阔无边的旧日江山,离别它是容易的,要想再见到它就非常艰难。流水与落花跟随春天逝去,今昔对比,曾经天上,而今人间。

赏析要点

这首词是李后主后期词作中的佳作,写于他被囚禁在宋都汴京期间。基调低沉悲怆,感情真挚、哀婉动人,把词人国破家亡之痛、被囚生活之苦表现得淋漓尽致，生动地刻画了一个亡国之君的艺术形象。用白描手法以普通人的身份诉说着自己的不幸与哀苦，这与人们的感情上相互沟通，引起共鸣，具有撼动读者心灵的惊人艺术魅力，是李煜后期词曲中的典型代表之作。王国维在《人间词话》中评价曰："语语沉痛，字字泪珠，以歌当哭，千古哀音。"

词的上阕运用倒叙的手法，先写梦醒，再写梦中。以"春寒""梦醒""梦欢"烘托现实的残酷和词人的孤苦凄凉，怀念过去的时光正是因为现实的不如意。下阕以"独自莫凭栏"起笔，透露出词人心怀故国之情。

"帘外雨潺潺，春意阑珊"：暮春时分，帘外一阵潺潺的春雨来袭，惊醒了睡梦中的词人，潺潺不断的春雨是寂寞零落的残春，词人抱被而坐，再无睡意，这种境地使他倍感凄苦，有种时不再来的无奈。"春意阑珊"，"阑珊"给人以一种慵困、慵懒、迟延的感觉。"春意"而不是"春天"，所以这里不只是讲天气，更主要的是讲一种心情，在春天时的一种黏腻，不明朗、忧郁烦闷、怅然若失的感觉。

"罗衾不耐五更寒"：春寒料峭，这薄薄的罗衾被抵挡不了黎明即将到来的寒冷。这里不仅仅是身体上的寒冷，更多的是一种心灵上的冷，一种荒凉、孤寂之冷。屋外潺潺的雨声，怀抱薄薄的衾被，独自孤坐，词人内心充满了凄凉，却又无处诉说。

"梦里不知身是客，一晌贪欢"：梦境与现实的强烈对比，带给词人深深的痛苦。"梦里不知身是客"，说明作者梦中又回到了自己熟悉的故国，享受着以往的欢乐，已经完全忘掉了自己是一个阶下囚。"贪欢"二字，既写出了梦中自己无比的欢快，也反映出作者以往的享乐生活，暗含一种悔恨感。梦中欢快的南国之主与现实凄凉的北国阶下囚形成了巨大的反差，更加突出了作者内心孤独、凄凉、伤感、哀愁、悲痛之情。

"独自莫凭栏，无限江山，别时容易见时难"：登高望远，凭栏远眺，本是一件快事，可以释放自我，疗伤心情。词人却相反，凭栏远眺、凝望山河，失去的江山不能再回来，逝去的美好生活不能再回来，自己的生命之春也不能再回来，所以告诫自己还是"独自莫凭阑"，凭栏远眺是痛苦的，更不要独自一人去，物是人非，只会引起自己内心无限的痛楚。这句充分表达了词人对亡国的深深悔恨和对故国难回的深沉悲哀以及对现实的无限凄凉之情。

"流水落花春去也，天上人间"："流水落花春去也"，与上片"春意阑珊"相呼应，故国去也，春去也，有种弦断曲终，暗含来日无多，不久于人世之意。

作者掠影

李煜（937～978），南唐词人。南唐中主李璟第六子，初名从嘉，字重光，号钟隐、莲峰居士，汉族，祖籍彭城（今江苏徐州铜山区）。生于南唐盛世，曾为南唐皇帝，世称李后主。后来宋太祖赵匡胤统一中国，李煜沦为国破家亡的降臣。在宋时都城东京（今开封），他的一举一动都受到宋朝的监视，完全丧失了自由。后因作感怀故国的名词《虞美人》而被宋太宗赐牵机药毒死。

在沦为阶下囚期间，李煜从至高无上的皇帝沦落为人见人轻的俘虏，这种遭遇不是一般词人能经历的。在这种如若天渊的对比中，李煜心中郁结的悲痛愁恨不胜之多。李煜虽不通政治，但其艺术才华却非凡。精书法、善绘画、通音律，诗和文均有一定造诣，尤以词的成就最高，著有千古杰作《虞美人》《浪淘沙》《乌夜啼》等词。在词坛上留下了不朽的篇章，被后人尊为"千古词帝"。

延伸阅读

李煜与李清照词的比较

李煜与李清照，一为亡国之君，一为旷代才女，却同为婉约派，同是词史上的一流大家，两人有着许多的共同之处。古人云："男中李后主，女中李易安。"二李并称，极受推崇。

李煜与李清照最大的共同点在于，他们人生的经历和词的创作都可以分为前后两个时期，而且更重要的是，他们都是在经历了家破国亡的苦痛之后，才登上词的艺术巅峰，走上了词史上一流大家的位置的。

李煜前期词作风格绮丽柔靡，还不脱"花间"习气。国亡后在"日夕只以眼泪洗面"的软禁生涯中，以一首首泣尽以血的绝唱，使亡国之君成为千古词坛的"南面王"。这些后期词作，多折射出词人内心巨大的亡国之痛，把传统诗歌里的那种个体间的离愁别恨升华为对故国家园的思念，凄凉悲壮意境深远，为苏辛所谓的"豪放派"打下了伏笔。

最著名的《虞美人》是李煜的绝笔词，当这首词写成之后，拿到七月七日他生日那夜，叫歌伎演唱，饮酒作乐，拨弦弄瑟，名声大振。宋太宗知道后，恨其剪不断理还乱的故国之思，一怒，赐予毒酒，用牵机药将他毒死。

王国维《人间词语》评曰："词至李后主而眼界始大，感慨遂深，遂变伶工之词而为士大夫之词"；"后主之词，真所谓以血书者也。"

李清照，南宋女词人，号易安居士，齐州章丘（今属山东）人。父李格非为当时著名学者，夫赵明诚为金石考据家。早期生活优裕，与明诚共同致力于书画金石的搜集整理。后期金兵入据中原，李清照流寓南方，明诚病死，境遇孤苦。与李煜一样，李清照词的创作同样分为前后两个时期。

　　李清照前期之词，许多词都描写爱情，其中有描摹少女初恋和少妇生活的，也有撰写自己与丈夫离别的相思。主要通过闺中生活的写照，表现出她对幸福爱情的向往和追求和对大自然和生活的热爱。

　　"靖康之难"后，先是丈夫病逝，接着便是被人认为有通敌之嫌。受此重重磨难，她的思想和健康受到了极大的威胁与摧残。国家的沦亡，民族的屈辱，生灵的涂炭，个体的不幸，这一系列的变故使李清照的后期之词在思想与风格发生了巨大的变化。所以在她的后期作品普遍反映了一个知识分子的所见所闻所想：抗金愿望，乡都之念，身世之感。

　　当我们在惋惜李煜的亡国亡家，感叹李清照的不幸遭遇同时，不免感慨这真是"国家不幸诗家幸，话到沧桑语始工"。（作者：李茂略，有删减）

考试链接

1. 试分析"春意阑珊"所表达的两层含义。
2. "独自莫凭阑"一句，有人认为用"莫"好，有人认为用"暮"好。你对此怎么看？
3. 全词表达了词人什么样的感情？请简要分析。

编注者：常　娜

【参考答案】

1. ①表层意义：形容寂寞冷落的残春。②深层意义：表达时不再来的慨叹与无奈。
2. ①用"莫"好。词人正凭阑，但"无限江山，别时容易见时难"，就是见了又能怎样，失去的国家不能再回来，逝去的美好生活不能再回来，自己的生命之春也不能再回来，所以告诫自己还是"独自莫凭阑"，表达了词人对亡国的深深悔恨和对故国难回的深沉悲哀以及对现实的无限凄凉之情。"莫"字更有力度，表达了深深的悔恨之情。
②用"暮"好。这个意象与全词的意境更加契合，传达出现实的凄凉。与下文衔接更恰当。正因为暮色茫茫，所以放眼望去才会"无限江山，别时容易见时难"。
3. 表现了词人的亡国之痛、囚徒之悲以及绵绵不尽的故土之思。

[明] 仇英 《柳园人形山水图轴》

五 噫 歌

[元] 梁鸿

陟①彼北芒②兮，噫③！

顾览④帝京⑤兮，噫！

宫阙⑥崔嵬⑦兮，噫！

人⑧之劬⑨劳兮，噫！

辽辽⑩未央⑪兮，噫！

注释

①陟（zhì）：登高。

②北芒：又作"北邙"，山名，在今河南省洛阳城北，又叫芒山或北山。汉朝的王侯死后大都葬在这里。

③噫（yī）：古代汉语中的叹词，表示悲愤或悲痛。

④顾览：一作"顾瞻"，瞻望。

⑤帝京：东汉京城洛阳。

⑥宫阙：帝王及豪门居住的宫殿。

⑦崔嵬（wéi）：高大雄伟。

⑧人：一作"民"，百姓。

⑨劬（qú）：劳苦。

⑩辽辽：漫长悠远的样子。

⑪未央：未尽，没完没了。

古诗今读

登上那高高的北芒山，啊！

回头遥看巍峨都城，啊！

高大的宫殿多雄伟，啊！

都靠百姓的劳作苦，啊！
人民苦难无尽无边，啊！

赏析要点

这是一首即景咏怀诗。主旨是揭露统治者的奢侈，嗟叹百姓的劳苦。

全诗分为两层：

前三句是一层，就京城洛阳的全貌发出感慨。诗人登上北邙山，居高临下，繁华无比的洛阳城尽收眼底，特别是帝王的宫殿，自东汉光武帝定都后，经过不断地扩建，更是规模宏伟，巍峨富丽，金碧辉煌。这三句，一句一惊叹，似在赞叹"北芒山"、"帝京"、"宫室"，实际是一种语势上的反向铺垫，反衬最后两句。

后二句是一层，感慨百姓的辛劳和苦难。诗人在前三句的感叹之后，笔锋一转，告诉人们，皇帝的宫殿都是百姓血汗浇出来的，宫殿越是巍峨，凝聚劳动人民的血汗也越多，给人民带来的痛苦和灾难也就越多，"辽辽无央"，无边无际。这两声长叹，倾注了诗人鲜明的爱憎，既是对百姓的深切同情，又是对奢侈帝王的深刻揭露和强烈抨击。

这五句，五声长叹，产生了强烈的社会反响：章帝看后十分震怒，立即下令收捕梁鸿，朝野震动。梁鸿只好携家带眷，隐姓埋名，混迹他乡，直到老死。诗人的这颗正直爱民之心，让我们今人也非常感佩。

全诗每句末尾都用一个"兮"，加强感叹的语气；之后又用一个感叹词"噫"，反复悲叹，突出了诗人悲愤和谴责的感情，增强了感染力。清人张玉谷评论说："无穷悲痛，全在五个'噫'字托出，真是创体。"

该诗言简意赅，警策动人。诗的前三句实写登山所见，是为铺垫。后两句，笔锋一转写登临所感，发抒议论，这是诗的主体。即透过"宫室崔嵬"这一表面现象揭示出历史深层本质的东西，把历史的真实内涵凝缩在两句质朴警拔的诗句之中。最后两句语约意丰，起到画龙点睛的作用，使全篇灵动生辉，显示出高超的艺术概括力。

在诗歌形式上《五噫歌》基本上属于骚体诗，但它一句一咏叹，又别具一格，显见民间歌谣的影响。诗虽然还没有脱尽楚辞体痕迹，但不是死板的模仿，而能融化旧体，创意创调，诗句齐整，音节谐美，表现出诗歌向新的方向发展的趋势。

作者掠影

梁鸿（生卒年不详），东汉诗人，字伯鸾，扶风平陵（今陕西咸阳）人，东汉隐士。家贫，曾受业于太学，博通群籍。家贫好学，崇尚气节。后归乡里，娶同县孟光为妻，隐居于霸陵山（在今陕西西安附近）中，以耕织为业。

曾因事出关，过洛阳，作《五噫歌》，引起汉章帝不满，令搜捕他。遂改姓运期，更名耀，字侯光，东逃齐、鲁之间。后又往吴依皋伯通，为人佣工舂米，不久病死。著书十余篇，今不传。诗作仅存3首，除《五噫歌》外，还有《思友诗》和《适吴诗》，均载《后汉书·梁鸿传》中。

延伸阅读

那个举案齐眉的梁鸿，千万不能嫁

欧南

梁鸿，字博鸾，光武帝、汉和帝时期的人，也是中国历史上有名的大隐士。其生平在《后汉书》上有记载，不过也就寥寥数百言。而留下的作品也就《五噫歌》《适吴诗》和《思友诗》三首。其中以《五噫歌》名气最大，也是他命运的转折点。由于梁鸿看不惯汉章帝宫室奢侈豪华，民间却贫困愁苦，写下了这首怪模怪样的讽刺诗，惹恼了汉章帝，被通缉。他只好携妻子孟光逃亡，先是逃到齐鲁一带，后又来到了现在无锡的梅里，以老终年。

古谚瘦田、丑妻家中宝，这颇符合梁鸿荆钗布衣，夫唱妇随，读书鼓琴的理想生活。在人格上，梁鸿也是令人敬佩的，不贪财，守信用。他曾在上林苑放猪。不慎失火，蔓延到别的房屋，梁鸿寻找到受灾的人家，把猪全部拿来做赔偿。但那家主人还认为太少。梁鸿说：我没有别的财产，愿意用自己的身体做工来抵。可见梁鸿是个厚道朴实的读书人，符合儒家所谓的富润屋，德润身，心广体胖，故君子必诚其意的理想人格。但他娶丑陋的孟光，难免有些让人狐疑。

好色是人的本性。西晋豪富石崇，宠爱侍妾绿珠，每当宴客，必命绿珠前来跳舞助兴，见着无不惊为天人，可见绿珠的美。后来得势的孙秀命人来索取绿珠，石崇勃然大怒，竟被孙秀所杀。才高八斗的曹子建为心爱的甄妃被兄长所夺，写下凄美的《洛神赋》郁郁而终。而烽火戏诸侯的周幽王也付出了惨痛的代价。冲冠一怒为红颜的吴三桂更是为色亡国。人在美色面前能浑然不为所动，总让人觉得有些做作的标榜，而我们这位大隐士便是这样的楷模。

如果说梁鸿穷困潦倒，无名无姓，没人将女儿许配他倒也罢了。但他是个有名的高士，情况就不一样了。以前欧洲贵族子弟落魄，寒酸贫困，但有些暴发户争相把女儿许配给他们，要的就是贵族的身份，可以给自己脸上贴金。梁鸿也是这样，有不少富人慕其名，愿意把女儿许配给他，但书呆子一个都不要，情愿迎娶肥胖、黝黑、丑陋，力气大的能举起石锁的孟光，其原因就是父母曾经问孟光，儿啊！你都三十了，怎么还不想嫁人。孟光坚定地说：欲得贤如梁伯鸾者。大概书呆子多少有些自惭形秽，且孟大小姐粉他也实在坚决，令人感动。文人虽然好色，但不傻，知道贫寒的身份是伺候不起美人的，梁鸿大概也是出于这种考虑。

接下来的一幕就能看出梁鸿的心理了。好比第欧根尼要亚历山大大帝不要遮挡他晒太阳一样，梁鸿的高傲的自尊心在丑陋的孟光身上得到了充分的满足。

当孟光梳妆打扮，欢天喜地地进梁鸿家门后，梁鸿竟然长达七天不理她。孟光挺纳闷，问梁鸿为何不理他，梁高士瓮声瓮气地说，我要的是穿粗布衣服，能同我一起隐居的娘子，而不是像你那样穿绫罗，涂脂粉的女人，实在是有些莫名其妙。女为悦己者容，是人之常情，何况是新婚燕尔，发哪门子气啊！人能理解与己无关的丑陋人，但真的要接受，恐怕不是那么容易的。天知道此时的梁鸿是否在心底里发出"苦哉，苦哉"的呻吟，又不能明说，故此借题发挥，出口怨气。

梁鸿和孟光留下最著名的就是"举案齐眉"的典故，这实在是个恶心的典故。典型的男尊女卑，夫权思想作祟。据书上记载：（梁鸿）"为人赁舂，每归，妻为具食，不敢于鸿前仰视，举案齐眉。"意思是说，孟光每次拿着托盘请大隐士吃饭时，连看都不敢看他一眼，把托盘高举到眼睛上面，这恰恰是梁鸿需要的效果。梁鸿的潜台词似乎是这样的，我娶你是给你面子，你必须恭恭敬敬地伺候我，不能丢失妇德。

梁鸿用的其实是陪衬法，他娶丑妻，唱高调，订家规，目的是衬托他本人高大的好德不好色的隐士形象，博得世人的敬仰，道学的虚伪可见一斑。所以，为了自己的幸福，嫁人千万不能嫁梁鸿这种道貌岸然的名士！他们可以心系天下，睥睨纵横，但对周围爱他的人却冷酷无情。

(摘自《北京青年报》)

考试链接

1. 《五噫歌》用了什么表现手法？抒发了诗人什么样的思想感情？

2. 《五噫歌》用五个"兮"和五个"噫"，有什么表达的效果？

编注者：谢宝丽

【参考答案】

1. ①反衬铺垫。一二句写诗人登上北邙山，居高临下，繁华无比的洛阳城尽收眼底，特别是帝王的宫殿，规模宏伟，巍峨富丽，金碧辉煌。第三句话锋一转，告诉人们，皇帝的宫殿都是百姓血汗浇出来的，给人民带来的痛苦和灾难也就越多。表现作者鲜明的爱憎和对百姓的深切同情。②直抒胸臆。最后两句直接将矛头对准统治者，表达对奢侈帝王的深刻揭露和强烈抨击。
2. 每句末尾都用一个"兮"，加强感叹的语气；之后又用一个感叹词"噫"，反复悲叹，突出了诗人悲愤和谴责的感情，增强了感染力。

[明] 沈周 《落花诗意图》

蝶恋花①

[宋] 柳永

伫倚危楼②风细细，望极③春愁，黯黯④生天际⑤。草色烟光⑥残照里，无言谁会凭阑意。

拟把⑦疏狂⑧图一醉，对酒当歌⑨，强乐⑩还无味。衣带渐宽⑪终不悔，为伊消得⑫人憔悴。

注释

①蝶恋花：词牌名。原为唐教坊曲，调名取义简文帝"翻阶蛱蝶恋花情"句。又名《鹊踏枝》、《凤栖梧》等。
②伫倚危楼：长时间依靠在高楼的栏杆上。伫，久立。危楼，高楼。
③望极：极目远望。
④黯黯：迷蒙不明，形容心情沮丧忧愁。
⑤生天际：从无边的天际升起。
⑥烟光：飘忽缭绕的云霭雾气。
⑦拟把：打算。
⑧疏狂：狂放不羁。
⑨对酒当歌：语出曹操《短歌行》。当：与"对"意同。
⑩强（qiǎng）乐：勉强欢笑。强，勉强。
⑪衣带渐宽：指人逐渐消瘦。语出《古诗》："相去日已远，衣带日已缓"。
⑫消得：值得，能忍受得了。

古词今读

我伫立高楼倚靠在栏杆上，一丝丝春风拂面，极目远望，不尽的愁思，沮丧忧愁从无边的天际升起。夕阳残照，草色蒙蒙，透过飘忽缭绕的云霭雾气，谁能理解我默默凭倚栏杆的心意？

打算让放荡不羁的心情一醉方休，举杯高歌，勉强欢笑反而觉得毫无趣味。我日渐消瘦下去却始终不感到懊悔，情愿为你神色憔悴。

赏析要点

本篇是一首离别相思之作，词人描绘了一幅迷蒙凄楚的黄昏高楼望远，景含情，情含景，表现款款深情的思念。也体现柳词不同于其他词人的独到之处。

一、俚俗色彩

由于柳永长期混迹于市井中，有人认为他的词是民间的，不是士大夫的，虽未必如此，但柳词确以接近市民文艺的俚俗色彩而著名。言情道爱，本以含蓄为贵，而柳永所表现的却是尽而又尽，浅而又浅。柳永以俚语合俗曲，他将词作为流行歌曲来写，所以他的作品能投千万人之所好，无论上等人下等人，读书的不读书的，都喜欢，赢得"凡有井水饮处都能歌柳词"的赞誉。

词的上片写登楼远望所引起的愁思，以迷离的景物描写渲染出凄楚悲凉气氛。"伫倚危楼风细细"，词人登高望远，离别之愁油然而生。"伫倚"二字足见主人公凭栏之久、怀想之深。然极目远望，看到的却是黯然销魂的"春愁"，词人不说"春愁"由心而发，却说生之于天际，一方面是为了将无形变成有形，以具象说明抽象，增加了词的画面感，另一方面也是因为这愁怨是由景触发。"草色烟光"即是词人极目天涯的所见之景，面对此情此景，词人一声感叹"无言谁会凭栏意"，又有谁能知我默默凭倚栏杆的心意？这是对独自倚栏、希望成空的慨叹，也是不见心上人、难诉情怀的凄凉感喟。

二、雅的品位

白描式的写景抒情结合起来，层层铺叙，情景交融，一笔到底。将文人的悲春襟怀抒写得如江水般深广浩渺，景中有情，情中有景，开阔博大，被苏轼誉为"不减唐人高处"。词中流露的凄凉感受，反映了柳永内心的真实体会。

如"草色烟光"即是词人极目天涯的所见之景，面对此情此景，词人一声感叹"无言谁会凭栏意"，又有谁能知我默默凭倚栏杆的心意？这是对独自倚栏、希望成空的慨叹，也是不见心上人、难诉情怀的凄凉感喟。词人为了排遣内心深沉的离愁之情，决意借酒浇愁,"拟把疏狂图一醉",打算任情放纵喝个一醉方休,而且还要"对酒当歌"抒发自己的愁怀,但强颜欢笑,却是"无味"。从"拟把"到"无味",笔势扑朔迷离,千回百折,颇具感染力。

三、意境回肠

就意境而言,传统的相思离别多以女性口吻来写,而柳永这首词以男性口吻写离愁。多了一份雄浑的力量,扩大了词境的容量。结尾二句是柳词中流传千古的名句,曾得到王国维的高度评价。王用以比喻"古今之成大事业、大学问者,必经过三种之境界"的第二境界,即献身精神,并说此等语"非大词人不能道"。这大概正是柳永的这两句词概括了一种锲而不舍的坚毅性格和执着态度。

作者掠影

柳永(约987~约1053),北宋著名词人。婉约派创始人物。崇安(今福建武夷山)人,原名三变,字景庄,后改名永,字耆卿,排行第七,又称柳七。宋仁宗朝进士,官至屯田员外郎,故世称柳屯田。他自称"奉旨填词柳三变",以毕生精力作词,并以"白衣卿相"自诩。其词多描绘城市风光和歌妓生活,尤长于抒写羁旅行役之情,创作慢词独多。铺叙刻画,情景交融,语言通俗,音律谐婉,在当时流传极其广泛,人称"凡有井水饮处都能歌柳词"。柳永对宋词的发展有重大影响,著有《乐章集》,代表作有《雨霖铃》《八声甘州》等。

延伸阅读

比较柳永与苏轼的词风及贡献

苏轼与柳永都是宋代文坛上两大词人。在词的发展史上,他们都做出了重大的贡献。在苏轼出现以前,词的内容受传统观念束缚,局限于温柔的艳情范围之内。而苏轼冲破了晚唐五代以来专写男女恋情、离愁别绪的旧框子,扩大了词的题材,提高了词的意境。怀古、感旧、记游、说理等一向是诗人所惯用的题材,他都可以用词来表达,这就使词摆脱了仅仅作为乐曲的歌词而存在的状态,成为可以独立发展的新诗体。这便是苏轼对宋词的最大贡献。

在风格上,苏轼开创了豪放一派。《念奴娇·赤壁怀古》就是苏轼豪放派的代表作。此外,苏轼也写了一些具有清朗疏宕、平淡高逸境界的词，如《水调歌头·明月几时有》，还有不少风格婉约的词如《江城子·十年生死两茫茫》，表现了苏轼以豪放为主、风格多样的特点。

而柳永在两宋文坛上的贡献也是相当卓越的。柳永是创用词调最多的一个词人。柳永不仅从音乐体制上改变和发展了词的声腔体式，而且从创作方向上改变了词的审美内涵和审美趣味。他着力将笔调伸向平民妇女的内心世界，通过通俗化的语言表现世俗化的市民生活情调，为他诉说心中的苦闷忧郁。他的词，明显表现出市民大众化的特点，因此他的词也广为市民群众所喜爱。

苏轼与柳永在词史上的共同之处，就是他们都对词的发展做了新的探索，从不同的方面丰富了词的表现题材。苏轼以其奔放的才情，将词笔深入到社会生活的各个方面。而柳永则在平民和妇女题材上实现了突破。他的词不仅表现了世俗女性大胆而泼辣的爱情意识，被遗弃或失恋的平民女子的痛苦心声，同时表现了下层妓女的不幸和他们从良的愿望，为我们展现了北宋繁华富裕的都市生活和丰富多彩的市井风情。在词风上，他们都有婉约之作。

从总体上看，他们的词风上又表现出明显的不同。苏诗的词内容广阔，风格多样，而以豪放为主，笔力纵横，具有浪漫主义色彩，他将北宋诗文革新运动的精神，扩大到词的领域，扫除了晚唐五代以来的传统词风，开创了与婉约派并立的豪放词派。而柳永却促进了慢词的发展与丰富了词调。在整个唐五代时期，词的体式以小令为主。而柳永却大力创作慢词，从根本上改变了唐五代以来词坛小令一统天下的格局，使慢词与小令两种体式平分。柳永在词的语言表达形式上，也进行了大胆的革新。柳永的词坦率自然，没有矫揉之作，他的词充分运用现实生活中的日常口语和俚语，表现得生动活泼，让市民觉得亲切的同时又易于理解接受。在这点上，苏轼的词是达不到这种境界的。

考试链接

1. 下列理解正确的一项是（　　）

A. 上片"伫倚"句写主人公久久地伫立在一座破旧的楼台上极目远眺。

B. 上片"草色"句以西风、衰草、夕阳烘托出一种凄美、孤单的氛围。

C. 下片"拟把"句写主人公豪饮放歌，起初十分痛快，但渐感索然无味。

D. 下片"衣带"句以"衣带渐宽"写消瘦之状，以"终不悔"直抒胸臆。

2. "衣带渐宽终不悔，为伊消得人憔悴"表达了词人什么样的情感？由此可见上阕中的"春愁"指的是什么？

3. 后来王国维谈及做学问的三种境界时，又引用"衣带渐宽终不悔，为伊消得人憔悴"表示什么？

编注者：陈习杰

【参考答案】

1. D
2. 表现了词人甘愿为思念伊人日渐消瘦、憔悴的一片痴情。由此可见，上阕"春愁"是指对伊人的思念。
3. 做学问，成就事业应具有锲而不舍，苦苦追求的精神。

〔明〕 吕纪 《柳荫双鹭图》（局部）

钗头凤

[宋] 陆游

扫一扫，听朗读

红酥手，黄縢①酒，满城春色宫墙②柳。东风恶，欢情薄，一怀愁绪，几年离索③。错，错，错！

春如旧，人空瘦，泪痕红浥④鲛绡⑤透。桃花落，闲池阁⑥。山盟⑦虽在，锦书⑧难托。莫，莫，莫！

注释

①黄縢（téng）：此处指美酒。宋代官酒以黄纸为封，故以黄封代指美酒。
②宫墙：南宋以绍兴为陪都，绍兴的某一段围墙，故有宫墙之说。
③离索：离群索居的简括。
④浥（yì）：湿润。
⑤鲛绡（jiāo xiāo）：神话传说鲛人所织的绡，极薄，后用以泛指薄纱，这里指手帕。绡，生丝，生丝织物。
⑥池阁：池上的楼阁。
⑦山盟：旧时常用山盟海誓，指对山立盟，对海起誓。
⑧锦书：写在锦上的书信。

古词今读

你红润酥腻的手里，捧着盛上黄縢酒的杯子。满城荡漾着春天的景色，你却早已象宫墙中的绿柳那般遥不可及。春风太过凶恶，将欢情吹得那样稀薄。满腔忧愁的情绪，离别几年来的生活十分萧索。遥想当初，只能感叹：错，错，错！

美丽的春景依然如旧，只是人却白白相思得消瘦。泪水洗尽脸上的胭脂红，又把薄绸的手帕全都湿透。满春的桃花凋落在寂静空旷的池塘楼阁上。相爱到永远的誓言还在，可是锦文书信再也难以交付。遥想当初，只能感叹：罢，罢，罢！

赏析要点

这首词写陆游与唐琬的爱情悲剧，词的上片通过追忆往昔美满的爱情生活，感叹被迫离异的痛苦，分两层意思。

开头三句为上片的第一层，回忆往昔与唐氏偕游沈园时的美好情景："红酥手，黄縢酒。满城春色宫墙柳。"具体而形象地表现出这对恩爱夫妻之间的柔情蜜意以及他们婚后生活的美满与幸福。第三句又为这幅春园夫妻把酒图勾勒出一个广阔而深远的背景，点明了他们是在共赏春色。而唐氏手臂的红润，酒的黄封以及柳色的碧绿，又使这幅图画有了明丽而又和谐的色彩感。回忆太过美好，犹如印刻在心底，越是美好，越是心痛到无以复加。

"东风恶"数句为第二层，写词人被迫与唐氏离异后的痛苦心情。上一层写春景春情，无限美好，到这里突然一转，激愤的感情潮水一下子冲破词人心灵的闸门，无可遏止地宣泄下来。下面一连三句，又进一步把词人怨恨"东风"的心理抒写了出来，并补足一个"恶"字："欢情薄。一怀愁绪，几年离索。"美满姻缘被拆散，恩爱夫妻被分离，使他们两人在感情上遭受巨大的折磨和痛苦，几年来的离别生活带给他们的只是满怀愁怨。这正如烂漫的春花被无情的东风所摧残而凋谢飘零。接下来，"错，错，错"，一连三个"错"字，连迸而出，是错误，是错落，更是错责，感情极为沉痛。

词的下片，由感慨往事回到现实，进一步抒写休妻、被迫离异的巨大哀痛，也分为两层。

"春如旧"承上片"满城春色"句而来，这又是此时相逢的背景。依然是从前那样的春日，但是，人却今非昔比了。以前的唐氏，肌肤是那样红润，焕发着青春的活力；而此时的她，经过"东风"的无情摧残，憔悴了，消瘦了。"人空瘦"句，虽说写的只是唐氏容颜方面的变化，但分明表现出"几年离索"给她带来的巨大痛苦。从婚姻关系说，两人早已各不相干了，事已至此，那这个"瘦"就是白白为相思而折磨自己。著此一字，就把词人那种怜惜之情、抚慰之意、痛伤之感全都表达出来。"泪痕"句通过刻画唐氏的表情动作，进一步表现出此次相逢时她的状态。用白描的手法,写她"泪痕红浥鲛绡透",显得更委婉,更沉着,也更形象,更感人。而一个"透"字,不仅见其流泪之多,亦见其伤心之甚。

词的最后几句,是下片的第二层,写词人与唐氏相遇以后的痛苦心情。"桃花落"两句与上片的"东风恶"句前后照应,突出写景同时也隐含人事。像桃花一样美丽姣好的唐氏,也被无情的"东风"摧残折磨得憔悴消瘦了;词人自己的心境,也像"闲池阁"一样凄寂冷落了。一笔而兼有二意,巧妙自然。下面又转入直接赋情:"山盟虽在,锦书难托"这两句虽只寥寥八字,却很能表现出词人内心的痛苦之情。虽说自己情如山石,痴心不改,但是,这样一片赤诚的心意,却难以表达。明明在爱,却又不能去爱;明明不能去爱,却又割不断这爱缕情丝。刹那间,爱、恨、痛、怨交织,再加上看到唐氏的憔悴容颜和悲戚情状所产生的怜惜之情、抚慰之意,真是百感交集,万箭簇心,一种难以名状的悲哀,再一次冲胸破喉而出:"莫,莫,莫!"

总而言之,这首词达到了内容和形式的完美统一,是一首别开生面、催人泪下的作品。

作者掠影

陆游(1125~1210),南宋著名诗人。字务观,号放翁。越州山阴(今浙江绍兴)人。少时受家庭爱国思想熏陶,高宗时应礼部试,为秦桧所黜。孝宗时赐进士出身。中年入蜀,投身军旅生活,官至宝章阁待制。晚年退居家乡。创作诗歌今存九千多首,内容极为丰富。著有《剑南诗稿》《渭南文集》《南唐书》《老学庵笔记》等。

延伸阅读

生离死别《钗头凤》

《钗头凤》,词牌名,又名《折红英》。因五代时《撷芳词》中有"可怜孤似钗头凤"词句而得名。最具代表性的作品自然是陆游与唐琬各写的一首《钗头凤》。

绍兴,沈园,斑驳的黛墙。

钗头凤,一字一泪,字字成殇。

那一年的陆游,二十岁,鲜衣怒马。十里红妆迎娶了秀外慧中的唐琬。生活赋予了他太多的幸福,高贵的家世,惊人的才华,美满的爱情。这个二十岁的少年该是城中最得意的世家子弟了。

那一年的唐琬,十五岁,情窦初开。喜轿,喜炮,喜娘,一袭红嫁衣,嫁得如意郎。那时的唐琬,该是城中最幸福的新嫁娘。

吟诗,作赋,赏花,品茶,闲敲棋子落灯花。幸福在时光中愈见醇香,这样的圆满,怕是羡煞多少旁人。

自此,就这样琴瑟和鸣,该有多好。

史书记载历来对女子就颇为苛刻,唐琬的出现,也不过是在记录陆游生活中的一段流年罢了。可就是这样的一个女子,为我们诠释了一个词——情深不寿。

若知晓爱情需要付出生命的代价,或许我们都会斟酌一下还要不要一头栽进去?

只是,爱情若真的席卷而来,谁还又有斟酌的机会呢?就这样缴了兵械,沦陷了城池,也只是期盼一个白头偕老的神话罢了。

"东风恶,欢情薄",当爱情遭遇礼教,在宋这个礼教森严的朝代,爱情脆弱到不战而败。无人真正知晓陆母为何非要休掉唐琬,最权威的说法有二:一是无子;一是认为两人过于沉溺爱情,怕影响陆游的仕途。即便没有理由,侍母极孝的陆游也无任何招架之力。当陆游奉母命休妻之时,唐琬又该经历了怎样的磨难?在那个将三纲五常演化到极致的宋,在那个张口言礼闭口说法的宋,一个在礼教熏染下成长起来的闺阁女子,面对休弃归家的命运,该是怎样的"进退无颜仪"。更何况,那个相爱的人,今生再也无缘。"病魂常似秋千索""怕人询问,咽泪装欢"想必就是她生活的全部。

沈园,再见,物是人非。陆游一曲《钗头凤》书写于沈园的黛墙,叙了悔过,错、错、错。无奈两人早已奉家命另结姻缘,那京中的才子赵士程对唐琬确是很好。只可惜,曾经沧海难为水,爱情再难转移。有时候想,若没有沈园,没有《钗头凤》,换唐琬平淡的一生,那样也好。

陆游的《钗头凤》写了心酸无奈,满怀愁绪,写了"山盟虽在,锦书难托",写了多年的别情,写了生离。

唐琬的《钗头凤》写了泪痕,病魂,写了"雨送黄昏花易落",写了凋谢的人生,写了死别。

沈园一别,不久之后,唐琬便香消玉殒。那一年,她只有二十六岁。

情深不寿。

作为爱国诗人的陆游,得到了太多人的敬仰,自然包括我。那样的坚定信念，不改初衷；那样的呕心沥血，矢志不渝；那样的忠君爱国，不死不休，震撼了朝野，又激励了今天多少莘莘学子。

只是，感情的世界里，我更心疼那个为爱凋零了的唐琬。

绍兴，沈园，钗头凤。

陆游的一场生离，唐琬的一场死别。

考试链接

1. 对陆游《钗头凤》分析不当的一项是（　　）

A. 上片第一句写追忆昔日夫妻间和谐美满生活的一个场面：妻子劝酒，共赏春色。

B. 词中的"东风"喻指陆游夫妻间和美的爱情生活。

C. "人空瘦"著一"空"字，把词人那种怜惜之情、抚慰之意、痛伤之感等表现无遗。

D. 这首词反映了一出封建礼教压迫下的爱情悲剧，表现出了作者痛苦、怨愤和无可奈何的心情。

2. 这首诗主要运用了什么样的手法？表达了词人什么样的思想感情？

编注者：康玉楼

【参考答案】

1. B "东风"一词借指陆游的母亲，唐琬的婆婆。
2. 主要运用了对比的手法。如上片，越是把往昔夫妻共同生活时的美好情景写得逼真，就越使得他们被迫离异后的凄楚心境深切可感，也就是越显出"东风"的无情和可憎，从而形成强烈的情感对比。再如上片写"红酥手"，下片写"人空瘦"，在鲜明的形象对比中，充分地展示出"几年离索"给唐氏带来的巨大的精神折磨和痛苦。

这首词表达了词人与唐琬之间眷恋之深和相思之切，也抒发了词人怨恨愁苦而难以言状的凄楚心情。

[明] 周臣 《柴门送客图》

惜 分 飞①

[宋] 毛滂

扫一扫，听朗读

泪湿阑干②花著露，愁到眉峰碧聚③。此恨平分取④，更无言语空相觑⑤。

断雨残云⑥无意绪，寂寞朝朝暮暮。今夜山深处，断魂⑦分付⑧潮⑨回去。

注释

①惜分飞：词牌名，又名《惜芳菲》《惜双双》等。毛滂（pāng）创调，词咏唱别情。
②阑干：眼泪纵横的样子。
③眉峰碧聚：古人以青黛画眉，诗中借以描摹双眉紧锁，眼中含泪的情状。
④取：助词，即"着"。
⑤觑（qù）：细看。
⑥断雨残云：雨消云散。喻失去男女欢情。
⑦断魂：指极度的哀思。
⑧分付：付予、付给。
⑨潮：指钱塘江潮。

古词今读

你的脸上泪水纵横，像一枝沾满露珠娇艳欲滴的鲜花，让人怜惜不已，忧愁像是碧山重叠在你眉间攒聚缠结。这别恨应是我们两人平均分取。你我就这样久久地凝望着彼此，再说不出一句话。

雨收云散，一切欢乐都成为过去，令人毫无心绪。从此朝朝暮暮，我将空守孤寂。今夜，当我投宿在这荒山野店，我多么希望我深情的灵魂会跟随潮汐回到你那里。

赏析要点

这首词抒写离别时的情态与别后的心绪。此词为作者的代表作,是作者青春恋情的真实纪录。词中追忆了作者与歌妓琼芳依依惜别的情景,抒写了词人孤处羁旅的凄凉心境与萦绕心头的思念之情。

全词写与琼芳恨别相思之情。上片,追忆两人恨别相对无言之状。"泪湿阑干花著露,愁到眉峰碧聚",是回忆相别时心上人的哀愁容颜。"泪湿阑干花著露",用白居易《长恨歌》"玉容寂寞泪阑干,梨花一枝春带露"的诗意,写女子离别时泪流潸潸,如春花挂露。"愁到眉峰碧聚"化用张泌《思越人词》:"黛眉愁聚春碧"句,写忧愁得双眉紧蹙的神态。这两句化用前人诗句描写女子的愁与泪,显得优美而情致缠绵悱恻。一幅娇怜痛惜的模样,经过这番描绘呼之欲出,跃然纸上。它同周围的景色化成一片,构成一种凄丽哀婉的色调,一上来就紧紧抓住读者的心弦。"此恨平分取"一句,将女子的愁与恨,轻轻一笔转到自己身上,从而表现了两人爱之深、离之悲。"更无言语空相觑"一句,回忆两人伤别时情态,离别在即,两人含泪相视,此时纵有千言万语,又从何处说起?"更无言语"比"执手相看泪眼,更无语凝噎"(柳永《雨霖铃》)更进一步表达痛切之情,因其呜咽声音都无,真是"此时无声胜有声"了。一个"空"字,用得好,它带出了多少悲伤、忧恨!无怪后人赞道:"一笔描来,不可思议。"(沈际飞《草堂诗余正集》)

下片写别后的羁愁。夜深不寐,由于怕听潮声而"分付潮回去"。款款写来,一往情深而又隐隐含露。"断雨"二句,写景色之荒残。零零落落的雨点,澌灭的残云,与离人的心境正相印合。"云雨"出自宋玉《高唐赋序》,后指男女欢爱。"断雨残云"喻男女分离,人儿两地,相爱不能相聚,怎不令羁旅者呼出"无意绪"呢?那别离的"朝朝暮暮"只有"寂寞"伴随,那思念之情就更加强烈。故结句道:"今夜山深处,断魂分付潮回去。"言羁者在富阳山深处的僧舍中,而所恋之人远在钱塘,他们相隔千百里,只有江水相连,在辗转反侧中,听江涛拍岸,突发奇想:人不能相聚,那么将魂儿交付浪潮,随流水回到心上人那里。结语的寄魂江涛,是个奇异的想象,如此将刻骨铭心的相思,淋漓尽致地表达出来。

此词感情自然真切,音韵凄婉,直抒胸臆,把形象比喻、奇异想象相结合,达到了"语尽而意不尽，意尽而情不尽，何酷似秦少游也"（周辉《清波杂志》）的艺术效果。

作者掠影

毛滂（生卒年不详），宋代词人。字泽民，衢州江山（今属浙江）人。生于"天下文宗儒师"世家。父维瞻、伯维藩、叔维甫皆为进士。

毛滂诗词被时人评为"豪放恣肆"，"自成一家"。其诗，"有风发泉涌之致，颇为豪放不羁"；其文，"大气盘礴，汪洋恣肆，得二苏之一鳞半甲"；其词，则"潇洒明润""情韵特胜"。其词受苏轼、柳永影响，清圆明润，别树一格，无浓艳词语，自然深挚，秀雅飘逸，对陈与义、朱敦儒乃至姜白石、张炎等人的创作都有影响。代表作有《秦楼月》《水调歌头》《玉楼春》等。有《东堂集》，词集为《东堂词》。

然而就是这样一位有风致、有成就和有影响力的作家，一直以来却未受到应有的重视。对他的词，有些文学史及词学专著竟只字未提，有些词选本亦一首不录。事实上，《东堂词》内容丰富、情韵特胜，开潇洒俊逸之风，其作者毛滂实可称北宋一大家。《东堂词》无论在题材内容、艺术手法还是词调发展等方面都对宋词发展有着极其重要的推进作用。

延伸阅读

古代文人与歌姬的非常情谊

一、柳永与"吊柳会"

柳永，字耆卿，初名三变，北宋前期著名的词作家。歌妓女在阶级社会，是有权有势者剥削、玩弄、损害的对象，封建统治者根本不把她们当人看待。然而，柳永的词，却写出了对她们的深切同情、真挚的感情、美好的祝福。他置身于妓女、乐工中间，为她们写歌词，同她们建立了深厚的友谊，甚至为此作出了牺牲。在进士应试之前，他曾写过一首《鹤冲天》：

黄金榜上，偶失龙头望。明代暂遗贤，如何向？未遂风云便，争不恣狂荡？何须论得丧，才子词人，自是白衣卿相。

烟花巷陌，依约丹青屏障。幸有意中人，堪寻访。且恁偎红翠，风流事，平生畅。青春都一饷，忍把浮名，换了浅斟低唱。

这首词不胫而走，传到了宋仁宗耳朵里，以致在柳永考进士临发榜时，特地把他的名字勾掉，说："且去浅斟低唱，何要浮名？"后又有人向仁宗推荐柳永，希望朝廷任用他，仁宗说："得非填词柳三变乎？……且去填词！"由是不得志。虽然仕途断送，他与妓女、乐工间的友谊却更深厚了。他写妓女的离愁别绪，留下了堪称千古绝唱的《雨霖铃》：

寒蝉凄切，对长亭晚，骤雨初歇。都门帐饮无绪，方留恋处，兰舟催发。执手相看泪眼，竟无语凝噎。念去去千里烟波，暮霭沉沉楚天阔。

多情自古伤离别，更哪堪、冷落清秋节！今宵酒醒何处？杨柳岸，晓风残月。此去经年，应是良辰好景虚设。便纵有千种风情，更与何人说！

而在《蝶恋花》（即《凤栖梧》）中，更写出了他对妓女的一往情深，无怨无悔：

伫倚危楼风细细，望极春愁，黯黯生天际。草色烟光残照里，无言谁会凭栏意。

拟把疏狂图一醉，对酒当歌，强乐还无味。衣带渐宽终不悔，为伊消得人憔悴。

正因为柳永把妓女视为知己，倾心相交，因而赢得了妓女的尊敬、爱戴。相传柳永"死之日，家无余财，群妓合金葬之"；"每寿日上冢，谓之吊柳七"。甚至每遇清明节，妓女、词人携带酒食，饮于柳永墓旁，称为"吊柳会"。柳永把自己大半生的真情实感献给了妓女，妓女们把他当做亲人对待、怀念，他们的友谊是永恒的。

二、严蕊与唐仲友

严蕊（1163年前后在世），字幼芳，南宋时天台（今属浙江，当时为台州属县）军营里的一位妓女。宋人周密称她"善琴弈、歌舞、丝竹、书画，色艺冠一时。间作诗词，有新语。颇通古今"。可见是一位沦落风尘的才女。由于她的才名远播，又善于交际，四面八方的士人，有不远千里而登门求见的。台州（今浙江临海县）的地方长官唐与正，字仲友，很欣赏她的才华，有次饮酒时，要严蕊赋红白桃花，严蕊很快就吟成《如梦令》一首：

道是梨花不是，道是杏花不是。白白与红红，别是东风情味。曾记，曾记，人在武陵微醉。

唐仲友赞扬此词写得好，赏给她两匹细绢。七月七日是乞巧节，民间相传，这天晚上牛郎织女将在天河渡鹊桥相会。唐仲友在府中设宴应景。来宾中有位谢元卿，为人豪放，久闻严蕊的大名，请她即席赋词，以自己的姓为韵。正在饮酒间，严蕊已填成《鹊桥仙》一首：

碧梧初出，桂花才吐，池上水花微谢。穿针人在合欢楼，正月露玉盘高泻。

蛛忙鹊懒，耕慵织倦，空做古今佳话！人间刚道隔年期，指天上方才隔夜！

谢元卿对此词赞不绝口，后因唐仲友入狱，在狱中又得岳霖同情，让她写词申诉，严蕊不假思索地口占《卜算子》一首，要求脱离妓女的苦海，自由地生活，辞意委婉，但意志坚定。全词是：

不是爱风尘，似被前缘误。花落花开自有时，总赖东君主。去也终须去，住也如何住！若得山花插满头，莫问奴归处。

岳霖看后，当即下令释放从良，后来严蕊嫁人，得其善终。

考试链接

1. 下列对这首词相关内容和艺术特色的分析鉴赏，恰当的两项是（　　）

A. "泪湿阑干花著露"是回忆相别时泪流潸潸，如春花挂露的娇美容颜。同时化用"玉容寂寞泪阑干，梨花一枝春带露"写出别时的诗意情景，显得优美而缠绵悱恻。

B. "此恨平分取"一句，将女子别时的愁与恨，轻轻一转从对方写到自己身上，"我"因分别内心愁思比你更深，从而表现了两人爱之深，离之悲。

C. "更无言语空相觑"一句，回忆两人伤别时情态，离别在即，两人含泪相视无语，"空"字表明二人无话可说，与柳永《雨霖铃》中"执手相看泪眼，更无语凝噎"不一样。

D. 此词感情自然真切，音韵凄婉，直抒胸臆，把形象比喻和奇异想象相结合，达到了"语尽而意不尽，意尽而情不尽"的艺术效果。

E. 下片写别后的羁愁。"断魂分付潮回去"一句是词人听到潮声后突发奇想：人不能相聚，那么将魂儿交付浪潮，随流水回到心上人那里。结语的寄魂江涛，是个奇异的想象，如此将刻骨铭心的相思，淋漓尽致地表达出来。

2. 李白的《闻王昌龄左迁龙标遥有此寄》中有"我寄愁心与明月"，如果用此句替代这首词中的"断魂分付潮回去"，是否合适？请具体分析。

编注者：朱烨榕

【参考答案】
1. DE A项"娇美容颜"表述错误，重在表达分别时因不舍而流泪伤心的样子；B项"比你更深"表述不准确，"平分取"是说和对方一样多，一样因分别愁绪满怀；C项"空"表明二人无话可说表述错误，是分别时有太多的话想说却不知从何说起。
2. ①"断魂分付潮回去"的感情更深切，"断魂"一词表达了词人对对方的担忧与牵挂，有生离之痛，而"我寄愁心与明月"更多的只是对友人的同情与思念。②"分付潮回去"是词人运用浪漫主义手法通过奇异的想象让潮水带思念回到对方身旁，同时也把抽象的思念和愁绪具体化为潮水能带走的具体事物，化抽象为具体，将刻骨铭心的思念之情表达得淋漓尽致，"我寄愁心与明月"是把自己的感情赋予明月，使之人格化，突出表现对友人遭贬的慰藉。③"潮"让人联想到词人思念如潮，显得凄凉悲切，而"明月"含有诗人对团圆的美好期盼，与"断雨残云"的意境不符。

［元］赵原 《陆羽烹茶图卷》

长 相 思①

[清] 纳兰性德

扫一扫，听朗读

山一程②，水一程，身向榆关③那畔④行，夜深千帐灯⑤。

风一更⑥，雪一更，聒⑦碎乡心梦不成，故园⑧无此声⑨。

注释

①长相思：唐教坊曲，双翅小令，又名《双红豆》。
②程：道路、路程。
③榆关：即山海关，在今河北秦皇岛东北。
④那畔：即山海关的另一边，指身处关外。
⑤千帐灯：灯，皇帝出巡临时住宿的行帐的灯火；千帐言军营之多。
⑥更：旧时一夜分五更，每更大约两小时。
⑦聒（guō）：喧扰，声音嘈杂，这里指风雪声。
⑧故园：故乡，这里指北京。
⑨此声：指风雪交加的声音。

古词今读

跋山涉水，一路征程，将士们马不停蹄，向着山海关进发。不知不觉，夜幕来临，深夜之中，营帐中点亮的灯光愈发耀眼，有千万之多。

狂风呼啸，飞雪肆虐，一夜未停，将士们从睡梦中惊醒。风雪的搅扰，不禁让人心中泛起思乡的涟漪：故乡是多么温暖，多么宁静啊，没有这般狂风呼啸、雪花乱舞的聒噪之声。

赏析要点

词的上阕写行程之劳，写面，写外，铺陈壮观；下阕写思乡之苦，写点，写内，曲描心情。意象选取的都是平凡的事物，如山、水、千帐灯、风、雪等，信手拈来，不事雕琢。整首词短小精悍而通俗易懂，融细腻情感于雄壮景色之中，尽显非凡，缠绵而不颓废，柔情之中露出男儿镇守边塞的慷慨报国之志。

"山一程，水一程"：直写征戍路途之曲折迢遥，侧写跋山涉水之艰险辛苦。两个"一程"叠用，更加突出了路途的遥远和行程的艰辛。劈空而来，突兀而起，既显空间之广袤，又寓时间之流逝，气象阔大。

"身向榆关那畔行"：交代行旅去向。此处说"身"向榆关，而非"心"向。意即躯体越来越远离了故乡，而心灵却越来越趋向京师，越来越拴紧了故园。读至此处，仿佛浮现出这样一幅图景：大队人马，翻山越岭，登舟涉水，风餐露宿，走了一程又一程，一直向山海关方向进发；而词人因为留恋家园，却是频频回首，步履蹒跚，望断白山黑水而不见故园影踪。

"夜深千帐灯"：写夜晚宿营于旷野的情景，深青的天幕下，漆黑的旷野上，一座座营房，灯火熠熠，映照着彻夜无眠的人。"千帐灯"是虚写，写出这次出巡随从众多。同时引人深思，为什么夜深了，却仍然营火闪烁呢？这就为引出下阕的"乡心"蓄势。

"风一更，雪一更"：突出塞外风狂雪骤的荒寒景象。这是以哀景衬伤情，风雪载途，行者乡思更烈。叠用两个"一更"，突出塞外卷地狂风，铺天暴雪扑打帐篷经久不息的情景；也从一个侧面写出了天寒地冻之夜，征人辗转难眠的状态。

"聒碎乡心梦不成"：呼应上阕"夜深千帐灯"一句，直接回答了征人深夜不寐的原因。着一"聒"字，突出了风雪声响之巨；且极具拟人意味，仿佛这风雪也通人心似的，彻夜念叨着故园的人事，让人心潮起伏，难以成眠。"聒碎乡心"，用的是夸张手法，生动形象地表现了"一夜征人尽望乡"的愁肠百转的心态。

"故园无此声"：直截了当表达了征人对故乡的深深眷恋之意，同时也交代了"梦不成"的原因。故乡是没有这样的连绵不绝的风雪聒噪声的，当然可以酣然入梦；而这边塞苦寒之地，怎比钟灵毓秀之京都，况且又是暴风雪肆虐的露营之夜，加之"乡心"的重重裹挟，就更难入梦了。

作者掠影

纳兰性德（1655~1685），清初词人。字容若，号楞伽山人。他善骑射，好读书，喜结名士。他的主要文学成就在于词，尤擅小令。他推崇李煜词，有"清代李后主"之称，兼学花间词。其词风格婉丽清新，不事雕琢，颇多伤感情调，这首小令就是一个典例。

纳兰性德之父明珠，字端范，历任兵部、吏部尚书，武英殿大学士，加太子太傅，又晋太子太师，权倾朝野、声威显赫。其母觉罗氏，英亲王阿济格第五女，诰封一品夫人。纳兰性德的一生，正是纳兰家族最为鼎盛之时。纳兰性德22岁时，参加进士考试，以优异成绩考中二甲第七名。康熙皇帝授他三等侍卫的官职，后升为二等，再擢为一等。作为皇帝身边的御前侍卫，他以英俊威武的武官身份参与风流斯文的诗文之事。他曾随皇帝南巡北狩，游历四方，奉命参与重要的战略侦察，随皇上唱和诗词，译制著述。因称圣意，屡受恩赏，是人们羡慕的文武兼备的年少英才，帝王器重的随身近臣。纳兰性德英年早逝，康熙二十四年（1685），其身患寒疾，七日不汗而死，时年仅三十一岁。康熙皇帝深为痛悼，特派使赐奠。

延伸阅读

不是人间富贵花

李文琪

曹雪芹的祖父曹寅曾在一首诗中这样写纳兰性德："忆昔宿卫明光宫，楞伽山人貌姣好。"曹寅和纳兰性德一样，都是康熙皇帝的侍卫，两人年纪相仿，又都少年得志，格外亲近。他的记述也自然有些可信度，一下子把一个面貌英俊、冷静威武的纳兰性德展现于世人眼前。

纳兰性德的武功和世家背景极有关系。他出身于正黄旗叶赫那拉氏，那是清初最显赫的八大部族之一。在尚武的满洲部族里，女子尚且学骑马，贵族家的男孩子就更不必说了。

纳兰性德从小在父辈的教导下学习骑射，练就了一身功夫，并善于搏击。但是，有着地地道道满族血统的纳兰性德却对汉字、诗词感兴趣。说起来，这还是源于家庭的影响。纳兰性德的父亲纳兰明珠人如其名，才能如同一颗明珠般熠熠发光。他颇有辩才，在平定三藩时因赞襄军务之功被康熙皇帝赏识，又精通满汉文，曾担任过弘文院学士，英武殿大学士，累加太子太师。在父亲的影响下，汉家典籍成为纳兰性德儿时学习的重要来源。

天生一双慧眼的纳兰明珠还帮儿子找了一位启蒙老师，叫丁腹松。他是北京通州人，博学能文但性格乖僻，不善变通，屡试不中，只能赋闲在家。爱才的纳兰明珠就请他为纳兰性德讲课。丁腹松知道自己教的是贵族公子，但仍对学生严格要求，时时督促训责。纳兰性德的文化底子就这么扎扎实实地被训出来了。

20多岁时，纳兰性德的词已经名满天下，其文风清新隽秀，越到后来，越哀婉动人。譬如那首著名的《梦江南》：

"昏鸦尽，小立恨因谁？急雪乍翻香阁絮，轻风吹到胆瓶梅。心字已成灰。"

类似的诗句，让人震颤心间，几乎不忍诵读。

身为才华横溢的贵公子，又是皇宫禁苑中威风凛凛的御前侍卫，纳兰性德却自诩"不是人间富贵花"。有人做过一项统计，在纳兰性德创作的340多首词作中，用"愁"字多达90次，"泪"字多达65次，"恨"字多达39次，至于"断肠""惆怅""憔悴"之类的词触目即是。一种说不出的落寞和淡淡的忧伤始终绕在纳兰性德的笔尖，连纳兰性德的父亲纳兰明珠看了之后，也不禁老泪纵横，叹息道："这孩子什么都有了，为什么还会这样不快活？"

（摘自《纳兰性德，为何活得不快活》）

考试链接

1. 下列对这首词的理解和分析不正确的一项是（　　）

A. 词人随着大队人马向山海关外进发，一路上跋山涉水，历尽辛苦。

B. 众多的帐幕里深夜还亮着灯，出行在外的人们久久不能入睡，苦不堪言。

C. 一阵风过后接着一阵雪，使家乡无风无雪的词人心烦意乱，思乡之情油然而生。

D. 这首词描绘了词人出行关外的艰辛和凄苦，抒发了词人浓郁的思乡之情。

2. 词中任选一处，简要赏析叠词运用的妙处。

3. "词眼"是传达主旨的关键性词句，这首小令中的"词眼"是哪句，为什么？

编注者：王守健

【参考答案】

1. C 选项C"一阵风过后接着一阵雪"的理解未免有些僵硬，这两句是写风雪肆虐，一夜未停；此外，"家乡无风无雪"的说法也很牵强，词人故乡"北京"怎会无风无雪呢，只不过是没有如此的聒噪之声罢了。

2. 两个"一程"写路途山水相连、曲折遥远，既突出了行军过程的艰辛，又在反复的吟唱之中展示出与家园的空间阻隔，流露出词人羁旅天涯之情；两个"一更"写风雪交加、敲打营帐、彻夜未停，既突出了塞外环境的恶劣，也使人在时间的推移中感受到词人孤寂凄凉的思乡之情和对从军生活的厌恶。两处叠词的运用都使得词句富有韵律美。

3. 词眼是"聒碎乡心梦不成"，此句直抒胸臆，"乡心"一词直接点明了词人对故乡的思念，而一个"聒"字表现出词人对狂风暴雪极为厌恶的情绪，使得这种思乡之情更为浓烈。

[明] 陈洪绶 《秋林笑傲图》

踏 莎 行①

[宋] 欧阳修

候馆②梅残，溪桥柳细。草薰③风暖摇征辔④。离愁渐远渐无穷，迢迢⑤不断如春水。

寸寸柔肠⑥，盈盈⑦粉泪⑧。楼高莫近危阑⑨倚。平芜⑩尽处是春山，行人更在春山外。

注释

①踏莎（suō）行：词牌名，又名《柳长春》《喜朝天》等。
②候馆：迎宾候客之馆舍。《周礼·地官·遗人》："五十里有市，市有候馆。"
③草薰：小草散发的清香。薰，香气侵袭。
④征辔（pèi）：行人坐骑的缰绳。辔，缰绳。
⑤迢迢：形容遥远的样子。
⑥寸寸柔肠：柔肠寸断，形容愁苦到极点。
⑦盈盈：泪水充溢眼眶之状。
⑧粉泪：泪水流到脸上，与粉妆和在一起。
⑨危阑：也作"危栏"，高楼上的栏杆。
⑩平芜：平坦地向前延伸的草地。芜，草地。

古词今读

春暖了，旅舍的寒梅日渐凋谢，只剩细细碎碎几片残瓣儿；溪桥边的柳树却萌出了浅绿嫩芽。暖暖的春风在大地上拂过，风中带了花草芳香，远行的人，也都在这时动身了。在这美好的春光里，我也送走了你。你渐行渐远，我的愁绪也渐生渐多，就像眼前这一江春水，来路无穷，去程不尽。

寸寸柔肠痛断，行行盈淌粉泪，于是只好上楼远望你离去的方向，期盼能够早归。然而，映入眼帘的，只是绵绵无绝的春草原野，原野尽处是隐隐青山。而你，更在遥远的青山之外，渺不可寻！

赏析要点

在婉约派词人抒写离情的小令中，这是一首情深意远、柔婉优美的代表性作品。

上阕由远行者落笔，下阕写远行者设想之词。一种离愁，两面兼写，情致深婉。起三句即宕开离别场面，径写旅途所见。梅残、柳细、草薰、风暖，分写所见、所闻、所感，冬去春来的季节特征十分强烈。这本来是一个感受生命与爱情的季节，但"候馆"、"征辔"两语，透示了词中的远行人其实是无暇无心去欣赏大自然所赐予的美景。且征辔连摇，客观的情形也是十分急迫。春景之热与行者之冷似乎互成隔膜。"离愁"两句拈出主题，与候馆、征辔之义绾合。而以"春水"喻愁，暗承李煜"问君能有几多愁？恰似一江春水向东流"之意，并与"溪桥"一语相应。但与李煜的愁情汹涌不同，这里所表现的主要是一种不断加深又持续相生的离愁形成过程。两个"渐"字和"迢迢不断"就鲜明地体现了这一特色。

下阕因行者愁极无尽，进而设想对方相思之形，劝慰之中倍见体贴之心。"寸寸柔肠，盈盈粉泪"，盖当初离别时即已目睹此景。而此刻一在闺中，一在候馆，其伤感当更过离别之时。"楼高"句是劝慰之词，盖近倚危阑也难解愁情，因为登楼所见，不过是一望平芜及平芜尽处的绵绵春山，而行人早已在春山之外了。这两句语淡而情深。

从全词来看，起得平缓，结得舒徐。上、下阕一实写一虚写，虚实之中皆以浓情浇灌，离愁与词境俱深远，堪称是婉约词中的杰作。

作者掠影

欧阳修（1007～1072），北宋政治家、文学家、史学家。字永叔，号醉翁，晚号"六一居士"。吉州永丰（今江西省永丰县）人，因吉州原属庐陵郡，以"庐陵欧阳修"自居。谥号文忠，世称欧阳文忠公。与韩愈、柳宗元、王安石、苏洵、苏轼、苏辙、曾巩合称"唐宋八大家"。后人又将其与韩愈、柳宗元和苏轼合称"千古文章四大家"。

延伸阅读

以诗论菜

一天中午,身为颍州知州的欧阳修与朋友悠游山水回来,已错过了用膳时间。于是,他带朋友来到一家挂有"杏花村"酒旗的普通酒店。瑟瑟秋风中,酒旗猎猎飘动,"杏花村"三字显得特别醒目,但酒店生意却显得很清淡,只有三五赶集的农民就着炒花生喝酒聊天。地上的花生壳伴着阵阵北风缓缓地往屋里挪动,酒店里显得很静。

欧阳修正是看中这里的安静,便与同朋友交流写诗体会。欧阳修没有官架子,平时经常深入百姓,了解民生疾苦,所以很多人都认得这位慈眉善目的父母官。今天看到欧阳修大人光临寒舍,店主人受宠若惊,赶紧把欧阳修请进僻静的房间,斟了二盅酒后,恭请欧阳修点菜。欧阳修点了三个下酒菜后便虚掩房门,与朋友频频举杯。让店主人纳闷的是,上菜后不到二炷香时间,欧阳修便唤店主人结账。店主人问:"欧阳大人,敝店酒菜如何?"欧阳修沉吟道:"酒还不错,不过菜呢……"他从店主人手上要过纸笔,题了首打油诗:"大雨哗哗飘过墙,诸葛无计找张良,关公跑了赤兔马,刘备抢刀上战场。"店主人看后,脸涨成猪肝色,为何?原来这四句诗分别说的是"无檐(盐)""无算(蒜)""无缰(姜)""无将(酱)"。这无盐、无大蒜、无姜、无酱油的菜怎能让客人满意?

考试链接

1. 对这首词的解读,错误的一项是( )

A. "草薰风暖摇征辔",是说在一个风暖花香的季节,行人却要辞别心爱的人,挥动马鞭,走上了漫长旅途。

B. "迢迢不断如春水",借用眼前的春水,表达了一种"问君能有几多愁,恰似一江春水向东流"的无穷离愁。

C. "楼高莫近危阑倚",是行人劝告想登楼远眺的爱人:楼太高了,楼上栏杆已年久失修,千万别登楼凭栏呀。

D. "平芜尽处是春山",是说凭栏远眺,看到的只是一片青草地,即使望到了草地的尽头,也还有青山挡住视线。

2. 关于这首词,分析不当的一项是( )

A. 作者以对句开篇，通过候馆、溪桥点明旅途，通过梅残、柳细点明时令，在读者眼前展现了一幅初春的景色。

B. 接着，作者写草薰、风暖、水绿，通过对美好春光的描写，来反衬行人的离愁别绪，使抽象的情感变成具体的形象。

C. 下阕变换角度，行人由自己感到离愁的无穷无尽，推想到居家的爱人也一定相同，进而将离愁别绪抒发得淋漓尽致。

D. 这首词通过对行人旅途中所见所感和居家爱人登楼远眺的心情描写，细腻地表现了一个女子的离愁别绪。

编注者：燕海亮

【参考答案】
1. C　C项表达行人在心里对泪眼盈盈的闺中人深情的体贴和嘱咐：你那样凭高倚栏远望，又能望得见什么呢？
2. D　这首词上阕写行者的离愁，下阕写行者的遥想，细腻地表现了一个男子的离愁恨。

刘凌沧 《天问图》

扫一扫，听朗读

天问（节选）

[先秦] 屈原

曰：遂古①之初，谁传道②之？
上下③未形，何由考之？
冥④昭⑤瞢暗⑥，谁能极⑦之？
冯翼⑧惟象⑨，何以识之？
明明暗暗，惟时⑩何为？
阴阳三合⑪，何本何化⑫？

注释

①遂古：远古，上古。遂，通"邃"，远。
②传道：传说。
③上下：指天地。
④冥：幽暗，指黑夜。
⑤昭：光明。
⑥瞢（méng）暗：昏暗不明的样子。
⑦极：穷究。
⑧冯（píng）翼：大气鼓荡流动的样子。
⑨象：本无实物存在的只可想象的形。
⑩时：通"是"，这样。
⑪三合：参错相合。三，通"参"。
⑫化：化生。

古诗今读

请问远古开始之时，谁将此态流传导引？

天地尚未成形之前，又从哪里得以产生？
明暗不分混沌一片，谁能够探究根本原因？
大气一团迷蒙，怎么识别将它认清？
白天光明夜晚黑暗，究竟它是为何而然？
阴阳参合而生万物，何为本源何为演变？

赏析要点

本诗为屈原《天问》节选部分。其中，第一部分是对自然结构提出问题：自首句"曰遂古之初"，至"乌焉解羽"，共计112句，69个问题。首先对宇宙起源、天体结构和日月星辰运行发问（44句，27问），接下来对大地结构和鲧禹治水、羿射十日等事件发问（68句，42问）。第二部分是对社会历史提出问题：自"禹之力献功"，至"卒无禄"，共计244句，96个问题。首先从禹的婚姻问起，对夏代的历史发出一系列问题（64句，22问），接下来对商代历史（涉及女娲、尧、舜和吴国的历史故事）提出一系列的问题（76句，29问），然后对周代历史直至春秋战国若干事件提出一系列问题（104句，45问）。第三部分是尾声：自"薄暮雷电"，至"忠名弥彰"，共计17句，8个问题，内容主要是联系自己的遭遇，阐述屈原个人的感慨。

"遂古之初，谁传道之"提出了信息传输问题：没有人类的时候，天地形成的信息是如何传输的呢？"上下未形，何由考之"提出了认识论的问题，人的思维是一种建立在符号体系上的思维，而符号只能描述具体的有形的事物，难以描述无形的事物，而这正是人类认识宇宙起源的一个重大障碍。

《天问》是屈原的代表作，该作层层设问，用提问的方式表达自己的观念和价值取向，情理交融，声情并茂，宛若梦笔生花，令人读来兴趣盎然，绝无枯燥之感。因此，清代学者刘献庭在《离骚经讲录》中赞其为"千古万古至奇之作"。其实，说它"奇"，不仅由于其艺术表现形式不同于作者其他的作品，更主要的是作品的构思和主题思想都令人叹为观止，体现了作者非凡的学识和超卓的艺术才华。

《天问》在语言运用上与屈赋的其他篇章不尽相同，通篇不用"兮"字。句式以四言为主，间杂以三、五、六、七言。大致四句为一节，每节一韵，节奏、音韵自然协调。有一句一问、二句一问、三句一问、四句一问等多种形式。又用"何""胡""焉""几""谁""孰""安"等疑问词交替使用，富于变化，因而尽管通篇发问，读来却圆转活脱而不呆板，参差错落而有风致，所以前人评论说："或长言，或短语，或错综，或对偶，或一事而累累反复，或数事而熔成一片，其文或峭险，或澹宕，或佶倔，或流利，诸法备尽，可谓极文章之变态。"（俞樾《评点楚辞》引孙鑛语）这构成了《天问》独特的艺术风格，当然它表现的是屈原的学术思想，问的是实实在在的问题。因此在修辞手法上，自然没有像《离骚》《九歌》《九章》那样绮丽而富于浪漫色彩，但正如清贺裳《骚筏》所评"其词与意，虽不如诸篇之曲折变化，自然是宇宙间一种奇文"。

《天问》中，作者问天地、日月、山川、灵异，表现了深沉的理性思考和热烈的情感迸发。可以说《天问》一篇，是屈原对宇宙自然、人类社会总体认识的总结与升华后的一种艺术再现，在那个时代，已不啻构建了一座精神和思想的巨峰。

作者掠影

屈原（约公元前 340～前 278），中国古代伟大的爱国诗人。名平，字原，出身于楚国王族。"博闻强志，明于治乱，娴于辞令"，楚怀王时，官至左徒，参与国家内政外交大事。因主张举贤授能，变法图强，深受上官大夫的嫉妒，遭到保守派的谗害、排挤，怀王时曾被放逐到汉北一带；顷襄王时，被第二次放逐，从此漂泊于江南鄂渚对岸一带。在长期的流放生涯中，他坚贞自守，忠君爱国，"虽放流，眷顾楚国，系心怀王，不忘欲反，冀幸君之一悟，俗之一改也。其存君兴国而欲反覆之，一篇之中三致志焉"，但屈原最终也没能使怀王觉悟。上不能为国尽忠效力，下不能躬耕垄亩，归隐田园，"举世混浊我独清，众人皆醉我独醒"。这是一种伟大的、难得的孤独，唯有坚强者方能如此，唯有高尚者方能如此。所以屈原才表示："吾闻之，新沐者必弹冠，新浴者必振衣，人又谁能以身之察察，受物之汶汶者乎！宁赴常流而葬乎鱼腹中耳，又安能以皓皓之白而蒙世俗之温蠖乎！"就这样，顷襄王二十一年（公元前 278 年），秦破郢都，楚王客死于秦，人民陷入国破家亡、流离失所之困境，忧国忧民的屈原悲愤绝望，自投于汨罗江，实现了自己"伏清白以死直"（《离骚》）的诺言，其正直刚烈堪称千古之冠。

他写下许多不朽诗篇，成为中国古代浪漫主义诗歌的奠基者，在楚国民歌的基础上创造了新的诗歌体裁楚辞。他创造的"楚辞"文体在中国文学史上独树一帜,与《诗经》并称"风骚"二体,对后世诗歌创作产生积极影响。从他开始,中国诗歌从集体歌唱走向个人独立创作的新时代。据现代学者研究,屈原作品基本上可以肯定的有《离骚》《九歌》《九章》《天问》《招魂》等25篇,这些作品以其深邃的思想和卓越的艺术手法而享誉中国诗史。

延伸阅读

屈原与贾谊

屈原与贾谊相隔一百多年,虽不是同时代人,但是二人的遭遇却有不少共同之处。他们都是才高气盛,又都是因忠被贬,在政治上都不得志,在文学上又都卓有成就。李商隐曾在《贾生》中写道"宣室求贤访逐臣,贾生才调更无伦。"屈原更是在《离骚》中写道"虽九死其犹未悔,岂余心之可惩?"屈原是"伟大的爱国诗人""世界文化名人""辞赋之宗",是历代优秀知识分子的人格楷模,是万人景仰、后世祭奠的伟人英杰,而贾谊则是西汉政论家、辞赋家。

儒家的人生理想,首先是"达则兼善天下",但也不可忽略了写在它前面的另一句话:"穷则独善其身。"(《孟子·尽心上》)"达则兼善天下"是他们梦寐以求的最高理想,而"穷则独善其身"则是不得已而为之。以杜甫为代表的"诗圣"们的理想自然是"致君尧舜上,再使风俗淳",中国古代的文人,在他们刚刚打开书本开始读书的时候,无不以儒家的修身、齐家、治国、平天下作为自己的最终目的,无不以立德、立功、立言三不朽作为自己的最高人生理想。

自视甚高,是知识分子的通病,而在屈原那里表现得尤为明显。在屈原看来,整个社会中,只有他一个人是清醒聪明的,别人都是糊涂愚蠢的;只有他一个人是清白高尚的,别人都是污浊肮脏的。当一个遍体洁净无纤尘、且患有洁癖症的人不得不生活在一群脏如泥猪的生物之中时,那种痛苦之情是可想而知的。贾谊的遭遇与屈原相似,所以司马迁把他们二人合为一传。不仅如此,他们二人的才能、志向和心胸也差不多,用苏东坡的话说,他们都"不善处穷",是"志大而量小",他们有才有志而没有一个宏阔的胸怀。

他们可以成为一个多情的诗人,却不可能成为一个坚强的政治家。但屈原自投汨罗江而死,贾谊也忧闷死。究其原因，屈原受到北方文化的影响，在他的作品中，我们看不到他用道家思想进行自我安慰的痕迹。而贾谊就不同了，在他最为苦恼的时候，写了一篇著名的《鵩鸟赋》，借庄子思想来发泄心中的郁闷。

考试链接

1. 屈原在其诗篇《天问》中，围绕宇宙、人生、历史和神话传说等内容，提出了172个问题，其中有许多问题是在当时尚未解决而他有所怀疑的。由此可以看出（　　）

　　A. 哲学的智慧产生于人类的实践活动
　　B. 人们创造哲学最终是为了满足好奇心
　　C. 哲学起源于对自然万物的惊异
　　D. 哲学源于人们对实践的追问和对世界的思考

编注者：强春蕾

【参考答案】
1. D

［明］ 唐寅 《山水》

念奴娇①
登石头城②次东坡韵

[元] 萨都剌

石头城上,望天低吴楚③,眼空无物。指点六朝形胜地④,惟有青山如壁。蔽日旌旗⑤,连云樯橹⑥,白骨纷如雪。一江⑦南北,消磨多少豪杰。

寂寞避暑离宫⑧,东风辇路⑨,芳草年年发。落日无人松径⑩里,鬼火高低明灭⑪。歌舞尊⑫前,繁华⑬镜里,暗换青青发⑭。伤心千古,秦淮一片明月⑮!

注释

① 念奴娇:词牌名,因全词共一百字,又称百字令。
② 石头城:即金陵城,在今南京清凉山。昔为六朝都城。
③ 吴楚:今江、浙一带地区。
④ 六朝形胜:指东晋、宋、齐、梁、陈六个朝代,地形优越壮美。
⑤ 旌旗:泛指旗帜。
⑥ 樯橹:桅杆和划船工具,这里代指船只。
⑦ 江:长江。
⑧ 离宫:皇帝在京城以外的宫室。
⑨ 辇路:宫殿楼阁间的通道。
⑩ 松径:松林间的小路。

⑪明灭：忽隐忽现，时隐时现。
⑫尊：同"樽"，酒杯。
⑬繁华：鲜花盛开，喻青春美丽。
⑭暗换青青发：乌黑的头发变灰变白。
⑮伤心千古，秦淮一片明月：这句话用刘禹锡《石头城》"淮水城头旧时月，夜深还过女墙来"，说明淮河上明月依旧，六朝的繁华却早已消逝。秦淮，流过石头城的秦淮河。

古词今读

站在高高的石头城上，放眼望去，苍天的尽头与吴、楚两国连接在一起，一片空旷。昔日六朝胜地的繁华，如今已荡然无存，只有江河青山依旧。遥想当年，战火纷飞，硝烟不断，生灵涂炭，白骨遍野如雪。多少英雄豪杰都已经随着时间的长河席卷而去，只有浩瀚的长江依然奔腾不息，滚滚东流。

孤寂的行宫内院，东风吹过，昔日皇帝车架经常碾压的道路，早已是芳草萋萋。每当日落天黑的时候，松树林里空寂冷落，只见幽幽的冥火时隐时现。可在当年有多少如花似玉的歌妓舞女，在这里青丝变成了白发，送走了一世的青春年华。如今淮河上明月依旧，六朝的繁华却早已消逝，给人留下的只有无限的伤感。

赏析要点

这首词步宋代苏轼《赤壁怀古》词韵而作，是一首登临怀古词。主要描写石头城的荒凉残败，借助对"六朝形胜"及其历史遗迹的吟咏，抒发了作者吊古伤怀的情感。同时指出，是由于战争才破坏了石头城昔日的繁华。全词抚今追昔，格调苍凉，以一组富有悲剧意味的景象，写出风云易逝，青山常在的感慨。

上阕主要写白日登眺时的所见。

开头三句为总写。"石头城上"点登临地点，入手擒题，落笔不凡。"天低"写眺望之遥远；"吴楚"写地域的辽阔，前边着一"望"字，说明石头城虽是六朝故都，但"六代繁华"已空无所有。这三句欲抑先扬，自然地过渡到六代繁华衰竭的叙写上去。

"指点"二句，承"眼空无物"进一步描写"六代繁华"的衰歇。诸葛亮说："钟阜龙蟠，石城虎踞，真帝王之宅。"（见伏朝事迹》）这两句则说昔日的"六朝形胜"已不复见。这样写，既见出了六朝繁华的衰歇,又进一步落实在"眼空无物"的"空"字上,运笔细密。

"蔽日"五句,由今而昔,由实而虚,转入对六朝南北割据的描写。回首往事,六朝以来的统治者们,不论是梁陈还是宋元,为争取天下,他们都以长江为界,互相攻伐,不知有多少士兵化为白骨,也不知有多少英雄豪杰"消磨"了宝贵的青春。这五句,既反映了历代统治者互相攻伐的残酷,又揭示出"六代繁华"衰歇的原因,生动深刻,令人回味不已。

下阕主要是月夜抒怀。

前五句复由昔而今,从王室衰落、宫廷荒芜方面更进一步描写"六代繁华"的衰歇。这五句是说,旧日帝王们避暑的离宫已寂然无人,"辇路"上年复一年长满了荒草,入夜后松径里便空无一人,"鬼火高低明灭"。作者抓住了几个生活片段,生动地反映出六朝宫殿已变成一片废墟和残破不堪的景象,字里行间,浸透着"黍离"之感。

后五句抒发吊古伤怀之情。虽然自己生活在"歌舞尊前",但功业未就,青春在不知不觉之间逝去,头发变白。回首千古往事,只有对着秦淮明月,暗暗"伤心"而已。

作者掠影

萨都剌(约 1272 ~ 1355),元代诗人、画家、书法家。字天锡,号直斋。其先世为西域人,出生于雁门(今山西代县),泰定四年进士。授应奉翰林文字,擢南台御史,以弹劾权贵,左迁镇江录事司达鲁花赤,累迁江南行台侍御史,左迁淮西北道经历,晚年居杭州。萨都剌善绘画,精书法,尤善楷书。有虎卧龙跳之才,人称"雁门才子"。他的文学创作,以诗歌为主,诗词内容,以游山玩水、归隐赋闲、慕仙礼佛、酬酢应答之类为多,思想价值不高。萨都剌还留有《严陵钓台图》和《梅雀》等画,现珍藏于北京故宫博物院。

延伸阅读

萨都剌诗词的四大特色

赵静

萨都剌一生给我们留下了将近八百首诗词,有描写景物的山水诗,有抒写宫廷生活的诗,有怀古也有伤今,诉述个人和社会的不平。在诗歌技巧上,萨都

刺继承了唐、宋诗歌的某些手法,并具有自己的特点:

①截取平淡的生活片段,铸成韵味悠远的意境。如为人盛赞的《秋词》《京城立春》等,能托出特定的情境,构成饶有意趣的"诗画"。

②层层深入,凝练简洁。如"百年诗句里,三国酒杯间","千古风光鬓边白,六朝山色马头青"等,言简意赅,给读者以充分的想象余地。

③善于创造,形象生动。如"云孙捧出南箕簸,月姊春来北斗量","一山如龙入云起,一山化作长江流"等句,化静为动,化无生命为有生命,使形象新颖流动。

④偶亦采用"通感"手法,将视觉形象、听觉形象、嗅觉形象等联通使用,互相比譬。如"市声到海迷红雾,花气涨天成彩云","乌鹊横桥秋有影,银河垂地夜无波"等。

(摘自《现代语文》2016年02期)

考试链接

1. 萨都剌词运用了虚实结合的手法,请结合全词简要分析。

2. 简要分析这首词与苏轼《念奴娇·赤壁怀古》所抒发的情感的异同。

3. 作者在这首词中抒发了哪些感慨,请分条概括并简要分析。

编注者:李彦沛

【参考答案】

1. 此词上下阕皆先实后虚,实写了石头城、青山、离宫、辇路芳草、松径、鬼火等空冷阴森之景;虚写了蔽日旌旗,连云樯橹,白骨纷如雪以及歌女的歌舞、临镜等。虚实结合使得意境更深远,情感更深沉。

2. 相同点:①对世事变迁,昔盛今衰的悲哀,怀古伤今。②对光阴虚掷的感伤。
不同点:萨都剌词有对战争残酷的心痛;而苏词抒发自己的有志报国,却功业未成,壮志难酬的感慨。

3. ①对世事变迁的悲哀。曾经的繁华六朝,现已成空荡的江山;曾经的行宫内院,早已是芳草萋萋。世事沧桑,让人倍加感伤。
②对自然永恒、物是人非的无奈。曾经的江山明月离宫依旧存在,而曾经的豪杰宫人却已随时光流逝而"消磨",一片空冷孤寂,让人顿觉自然永恒、人生短暂。
③对战争残酷的心痛。战火纷飞,摧毁了往日的繁华,只剩下生灵涂炭,白骨遍野,让人心痛。
④对青春易逝的感伤。多少美丽如花的歌舞粉黛,对镜施粉理鬓,却又青丝变白发,消磨了青春美丽,这应该是诗人对自己也是对世人青春易逝的感伤。

［明］ 盛茂烨 《唐诗意山水图册》

定风波①

[宋] 苏轼

扫一扫,听朗读

三月七日,沙湖②道中遇雨。雨具先去,同行皆狼狈③,余独不觉,已而④遂晴,故作此。

莫听穿林打叶声,何妨吟啸⑤且徐行。竹杖芒鞋⑥轻胜马,谁怕?一蓑⑦烟雨任平生。

料峭⑧春风吹酒醒,微冷,山头斜照⑨却相迎。回首向来⑩萧瑟⑪处,归去,也无风雨也无晴。

注释

①定风波:词牌名。
②沙湖:在今湖北黄冈东南三十里,又名螺丝店。
③狼狈:进退皆难的困顿窘迫之状。
④已而:过了一会儿。
⑤吟啸:放声吟咏。
⑥芒鞋:草鞋。
⑦蓑(suō):蓑衣,用棕制成的雨披。
⑧料峭:微寒的样子。
⑨斜照:偏西的阳光。
⑩向来:方才。
⑪萧瑟:风雨吹打树叶声。

古诗今读

三月七日,在沙湖道上赶上了下雨,拿着雨具的仆人先前离开了,同行的人都觉得很狼狈,只有我不这么觉得。过了一会儿天晴了,就做了这首词。

不用注意那穿林打叶的雨声,不妨一边吟咏长啸着,一边悠然地行走。竹杖和草鞋轻捷得胜过骑马,有什么可怕的?一身蓑衣任凭风吹雨打,照样过我的一生。

春风微凉,将我的酒意吹醒,寒意初上,山头初晴的斜阳却应时相迎。回头望一眼走过来遇到风雨的地方,回去吧,对我来说,既无所谓风雨,也无所谓天晴。

赏析要点

这首词为醉归遇雨抒怀之作。词人借雨中潇洒徐行之举动,表现了虽处逆境屡遭挫折而不畏惧不颓丧的倔强性格和旷达胸怀。全词即景生情,语言诙谐。

首句"莫听穿林打叶声",一方面渲染出雨骤风狂,另一方面又以"莫听"二字点明外物不足萦怀之意。"何妨吟啸且徐行",是前一句的延伸。在雨中照常舒徐行步,呼应小序"同行皆狼狈,余独不觉",又引出下文"谁怕"即不怕来。徐行而又吟啸,是加倍写;"何妨"二字透出一点俏皮,更增加挑战色彩。首两句是全篇枢纽,以下词情都是由此生发。

"竹杖芒鞋轻胜马",写词人竹杖芒鞋,顶风冲雨,从容前行,以"轻胜马"的自我感受,传达出一种搏击风雨、笑傲人生的轻松、喜悦和豪迈之情。"一蓑烟雨任平生",此句更进一步,由眼前风雨推及整个人生,有力地强化了作者面对人生的风风雨雨而我行我素、不畏坎坷的超然情怀。

以上数句,表现出旷达超逸的胸襟,充满清旷豪放之气,寄寓着独到的人生感悟,读来使人耳目为之一新,心胸为之舒阔。

下片到"山头斜照却相迎"三句,是写雨过天晴的景象。这几句既与上片所写风雨对应,又为下文所发人生感慨作铺垫。

结拍"回首向来萧瑟处,归去,也无风雨也无晴。"这饱含人生哲理意味的点睛之笔,道出了词人在大自然微妙的一瞬所获得的顿悟和启示:自然界的雨晴既属寻常,毫无差别,社会人生中的政治风云、荣辱得失又何足挂齿?句中"萧瑟"二字,意谓风雨之声,与上片"穿林打叶声"相应和。"风雨"二字,一语双关,既指野外途中所遇风雨,又暗指几乎置他于死地的政治"风雨"和人生险途。

作者掠影

苏轼（1037~1101），北宋文学家、书画家、美食家。字子瞻，号东坡居士。四川人。一生仕途坎坷，学识渊博，天资极高，诗文书画皆精。其文汪洋恣肆，明白畅达，与欧阳修并称"欧苏"，为"唐宋八大家"之一；诗清新豪健，善用夸张、比喻，艺术表现独具风格，与黄庭坚并称"苏黄"；词开豪放一派，对后世有巨大影响，与辛弃疾并称"苏辛"；书法擅长行书、楷书，能自创新意，用笔丰腴跌宕，有天真烂漫之趣，与黄庭坚、米芾、蔡襄并称"宋四家"；绘画，他学习文同，论画主张神似，提倡"士人画"。著有《苏东坡全集》和《东坡乐府》等。

延伸阅读

千古大家绝千古

苏轼（1037~1101），字子瞻，号东坡居士，北宋眉州眉山（今四川眉山）人。为了他的到来，巴山蜀水望穿了双眸，大宋文坛翘首了千年，是日月精华的一种成全吗？二十一岁刚过弱冠，便踏入京都，金榜题名，与其弟同榜高中进士及第，让当时的文坛领袖欧阳修惊叹，宋仁宗惊喜！大宋何幸，得此奇才！

难得的是苏轼是一座宝藏，时光是刀，世事如剑，在刀光剑影之中，腾挪飞跃的他练就了一身的才艺！历沧桑，逐逝水，那绝代的才华越是熠熠生辉，灼灼其华！横绝了千古难越的高度。

他绝在父子三人合称"三苏"，位列"唐宋八大家"。在中国文学史上，父子、兄弟、叔侄并称的著名例子不少，如汉末三国时期的曹操与其子曹丕、曹植合称"三曹"，三国后期的阮籍与其侄阮咸并称"大小阮"，西晋的陆机与其弟陆云并称"二陆"，潘岳与其侄潘尼并称"两潘"，明代公安派的袁宗道、袁宏道、袁中道兄弟合称"三袁"，等等。但就整体的文学水平和社会影响来说，"三苏"才是独步天下的！

他绝在挣脱了唐五代以来词的依丽香艳，开创了豪放一派，屈子之浩然，陶翁之淡远，太白之超迈，杜叟之沉郁，纳之笔端，轻蘸淡墨，巨笔一点，就点出北宋的半壁繁华，与南宋的辛弃疾并称"苏辛"。

他绝在和欧阳修在散文上并称"欧苏"，在聆听了"醉翁之意不在酒，在乎山水之间也"的失意后，我们能够随着苏轼思接千古，情系一身，"寄蜉蝣与天地，渺沧海之一粟。哀吾生之须臾，羡长江之无穷"，然人生短暂，世事无常，又有何妨？"惟江上之清风，与山间之明月，耳得之而为声，目遇之而成色"轻裘雕鞍，纵马轻狂的过往他已经忘了，只有这明月清风的此刻才是心之向往！

他绝在诗歌创作方面，他又与江西诗派的黄庭坚并称"苏黄"，那"横看成岭侧成峰，远近高低各不同"的无穷理趣，那"欲把西湖比西子，淡妆浓抹总相宜"的清丽，是诗坛的一道绝妙的风景。

天地古今齐集笔下，日月风流情满江河。胸中沟壑，笔底波澜，前人谓之"苏海"，能够像苏轼这样能够在诗、词、文方面都堪称大家，真可谓千古一绝，前无古人，后无来者！然而苏轼已经遨游了仙境，其人间遗文，只是其脚下浮云吗？无言诉说着千古的风流！

而东坡的风流远不止于此，也许是文化方面的深厚积淀，文学和艺术从来都是相辅相成的，文学的个性从某种程度上来说可以成就艺术的个性，然而这种个性的形成又离不开个人的颖悟和灵慧。

他绝在斜执笔，用侧锋，笔挟伟力豪气。置"书贵瘦硬方通神"的训则于不顾，用既肥又扁的字形，吐露萧散风神。在苏轼那里，书艺与他的文学成就一样，随着生命的流走，阅历的加深，愈益闪放光辉，通向美妙的境界。他的书法丰润、雄健、朴拙、凝重、端庄杂流丽，刚健含婀娜。因此被尊为书法"宋四家"之首。有"宋代第一书法家"之称，这无疑是他深厚的书法功力、高超的书法见解、强烈的个性、完美的人格，和精深博大的学养的一种外化，一种诠释，一种喷发。

他绝在以诗写画，以画蕴诗，摩诘之诗，"诗中有画"，苏轼之画，却是"画中有诗"！苏轼的画"取诸造物之炉捶，尽用文章之斧斤"，他没经过任何系统的绘画训练，所以绘画带有强烈的主观色彩，依靠厚实的书法功底，旺盛的诗意灵感，对宇宙万物的一点禅悟，寥寥数笔，一派生机，把平生心志托付与古木竹石，在北宋的画坛上，心有灵犀，孤鸿振翼，把一腔赤子的天真寄托于率性的画之逸趣中。平远中自有一份超然的深远和高远。和画竹名家文同同为"湖州画派"的代表人物。

他绝在不仅仅是这些,他还通音律,知稼穑,精品茗,谙岐黄之术,于天文、河治乃至烹调、酿造无不通晓。

一个人如果能够在其中的任何一个方面达到苏轼的高度就足以让人仰视了,然而苏轼却"诗、词、文、书、画"五绝天下,也许这些才是他人生的最重要的支点,使得他能够摆脱俗世之中那个"小我",靠近那个超越了一己兴衰荣败的达观超脱的"大我",做缥缈的孤鸿横渡人世的悲欢,做飘然的智者笑对蜗角虚名,做世外的高人斜睨人生沉浮,做红尘的过客留下千古风流。

考试链接

1. 对这首词的赏析,不恰当的一项是(　　)

A. 词的上阕写雨中情形,诗人不理会那穿林打叶之声,吟啸徐行,无一丝慌乱之意,与小序中"同行皆狼狈"形成鲜明对照。

B. 词末句的"归去"取自陶渊明的"归去来兮",照应上阕的"一蓑烟雨"句,表达了诗人摆脱政治上的风风雨雨、归隐田园的决心。

C. 全词从叙事到抒情,从表达感受、见解到体现诗人的襟怀、个性,都紧密关系着旅途中遇雨一事。

D. 诗人以曲笔抒写胸臆,把日常生活的形象和深邃的生活哲理,有机地融合统一在一起,读来令人深受启迪。

2. "竹杖芒鞋轻胜马""一蓑烟雨任平生"的意思是什么?表现了诗人怎样的心情和人生态度?

编注者:李小平

> 【参考答案】
>
> 1. B 《定风波》这首词并没有表达作者归隐田园的决心。
> 2. "竹杖芒鞋轻胜马",写词人竹杖芒鞋,顶风冲雨,从容前行,以"轻胜马"的自我感受,传达出一种搏击风雨、笑傲人生的轻松、喜悦和豪迈之情。"一蓑烟雨任平生",此句更进一步,由眼前风雨推及整个人生,有力地强化了作者面对人生的风风雨雨而我行我素、不畏坎坷的超然情怀。
> 这两句表现了词人旷达超逸的胸襟,充满清旷豪放之气,寄寓着词人独到的人生感悟,读来令人耳目一新。

［宋］ 刘松年 《四景山水之踏青图》

移居（其二）

[魏晋] 陶渊明

扫一扫，听朗读

春秋多佳日，登高赋新诗。
过门更相呼，有酒斟酌①之。
农务各自归，闲暇辄②相思。
相思③则披衣④，言笑无厌⑤时。
此理⑥将不胜⑦？无为忽去兹⑧。
衣食当须纪⑨，力耕不吾欺⑩。

注释

①斟酌：斟，盛酒于勺；酌，盛酒于觞。倒酒而饮，劝人饮酒的意思。
②辄（zhé）：就。
③相思：互相怀念。
④披衣：披上衣服，指去找人谈心。
⑤厌：满足。
⑥此理：指与邻里过从畅谈欢饮之乐。理，义蕴。
⑦将不胜：岂不美。
⑧兹：这些，指上句"此理"。
⑨纪：经营。
⑩不吾欺：是宾语前置，正常语序为"不欺吾"，意思是不会欺骗我。

古诗今读

春秋两季有很多好日子，我经常同友人一起登高吟诵新诗篇。

经过门前互相招呼,聚在一起,有美酒大家同饮共欢。

要干农活便各自归去,闲暇时就又互相思念。

思念的时候,大家就披衣相访,谈谈笑笑总不满足。

这种饮酒言笑的生活的确很美好,抛弃它实在无道理可言。

吃的穿的需要自己亲自去经营,勤力躬耕不会欺骗我自己。

赏析要点

晋安帝义熙四年(408)六月,陶渊明隐居上京的旧宅失火,暂时以船为家。两年后移居浔阳南村(今江西九江城外)。《移居》二首是移居后作。第一首写移居求友的初衷,邻里过往的快乐。第二首写移居之后,与邻人相处融洽的快乐生活。

全诗以自在之笔写自得之乐,将日常生活中邻里过往的琐碎事串成行云流水的文字。

此诗以"春秋"二字发端,概括全篇。作者一开头就勾画出了登高赋诗,不虚佳日的场面:"春秋多佳日,登高赋新诗。"春秋两季有很多好日子,我经常同友人一起登高赋诗。能"赋新诗",可以看出这些人自然不是一般的农民,而是同作者志趣比较相投的士大夫。这登高赋诗,也自是文人骚客特有的生活情趣。登高之时,一有良辰美景为之助兴,二有"素心人"相伴,他们自由地敞开心扉,赋诗言志。在赋诗中忘却尘网之苦,获得精神上的莫大安慰。这是一个生活场面。

"过门更相呼,有酒斟酌之",这两句诗的意思是:朋友过门,互相招呼,相聚在一起,如果有酒,大家一起斟酌品尝。我们仿佛听到了那亲切的招呼声,仿佛看到了他们喝酒时那悠然自得的样子。"过门更相呼",没有官场上的礼节,和邻居之间亲近的关系表露无遗。大呼小叫,方显真诚,率真。"相呼"可能是邻居有酒,特意招呼诗人饮酒,也可是诗人有酒,招呼邻人饮酒,或者邻居来串门,恰逢诗人有酒就一起斟酌,共赏新诗。这里,人与人之间率真融洽的关系表现出来了。这又是一个生活场面。

他们"农务各自归",但"闲暇辄相思",这里紧接上两句招饮之事,又引出下句相思之情。承上启下。写农忙的时候务农,闲时聚在一起饮酒赏诗,才觉得兴味无穷。南村的人多么朴实,有酒便招饮,有事则各自归去。"各自归"本指农忙时各自在家耕作，但又与上句饮酒的事意思相连，指酒后人各自散去，各自忙耕作的事。

"相思则披衣，言笑无厌时"农忙归去，闲时相思，相思聚首，回环往复。相思就披衣而起、言笑不厌表明他们的相聚在时间上也不受拘束。诗人与邻人之间友情纯朴，关系和谐。此时诗歌感情已经达到高潮。

"此理将不胜，无为忽去兹"，意思是说，这种登高赋诗、饮酒言笑的生活的确很美好，不能轻易地抛弃它。这两句诗是诗人对南村生活自然发出的感慨。登高赋诗、斟酒品尝、躬耕田野、披衣相访，这种生活是多么惬意，而官场上却是明争暗斗、尔虞我诈。有此对比，所以诗人才说："无为忽去兹"。这里表达了诗人对田园生活的热爱，对官场的厌恶，和自己永远躬耕田亩的决心。这两句扣住题目"移居"，写出想要久居的愿望。

"衣食当须纪，力耕不吾欺"，这两句诗是这首诗的又一个层次，是诗人对劳动生活的认识。就是这两句诗，使全诗的内容更加丰富深刻。诗的意思是：穿的吃的需要自己亲自去经营，只要努力耕作，就不会徒劳无所得。可以看出虽然诗人有时也过着登高赋诗、饮酒言笑的生活，但是这并不意味着他放弃躬耕，实际上他不仅没放弃躬耕自足的生活，而且认识到了"衣食固其端"。他知道登高赋诗、饮酒言笑的生活，是要有衣食作保证的。这两句诗可说是《移居二首》的灵魂，没有它，什么"素心"、高趣也就不存在了。共同的"躬耕自足"的生活，正是维系他们感情的纽带，是他们欢乐的根源啊。

作者掠影

陶渊明（约 365～427），东晋诗人、文学家、辞赋家、散文家。又名潜，字元亮，号五柳先生，私谥"靖节"，东晋浔阳柴桑人（今江西九江）。曾做过几年小官，后辞官回家，从此隐居，田园生活是陶渊明诗的主要题材。他的诗或表现农村的甜美静穆和自己怡然自得的心境，或歌颂劳动以及在劳动中与农民建立的友谊，为诗歌创作开辟了一个新天地。后人称之为"隐逸诗人"或"田园诗人"。他的诗围绕着出仕与归隐的矛盾，表现理想不能实现的苦闷以及不与统治者同流合污的崇高品格。主要作品有《饮酒》《归园田居》《桃花源记》《五柳先生传》《归去来兮辞》等。他的诗歌出语平淡，不事雕琢,风格清新,意境醇美,是情、景、理的统一。他是中国文学史上最有影响的诗人之一,后代诗人像王维、孟浩然、李白、杜甫、柳宗元、韦应物、苏轼、陆游等人,都受到他精神品格的影响,从他的诗中得到了艺术的养料。

延伸阅读

移居(其一)

昔欲居南村,非为卜其宅。
闻多素心人,乐与数晨夕。
怀此颇有年,今日从兹役。
弊庐何必广,取足蔽床席。
邻曲时时来,抗言谈在昔。
奇文共欣赏,疑义相与析。

全诗每四句是一个层次。

前四句追溯往事,以"昔"领起,将移居和求友联系起来,因事见意,重在"乐"字。移居选宅先卜算,问凶吉,宅地吉利才移居,凶险则不移居。诗人表明自己卜宅不为风水吉利,而为求友共乐。三、四两句,补足卜居的心情。"素心人",指心性纯洁善良的人。卜居求友,不趋炎附势,不祈福求显,唯择善者为邻,正是诗人清高情志和内在人格的表现。

中间四句由卜居初衷写到如愿移居,是诗意的转折和深化。诗人再次表明,说移居南村的愿望早就有了,现在终于实现。其欣欣之情,溢于言表。接着又说,只要有好邻居,好朋友,房子小一点不要紧,只要能遮蔽一张床一条席子就可以了,何必一定求其宽敞?不求华堂广厦,唯求邻里共度晨夕,弊庐虽小,乐在其中,诗人旷达不群的胸襟,物外之乐的情趣不言而喻。

最后四句具体描写得友之乐。邻居朋友经常来我这里,谈谈过去的事情,人人畅所欲言;见有好文章大家一同欣赏,遇到疑难处大家一同钻研。

陶渊明田园诗的风格向来以朴素平淡、自然真率见称。这种独特的风格,正是诗人质性自然的个性的外化。从这首诗来看,所写移居情事,原是十分平常的一件事。但在诗人笔下款款写来,读者却感到亲切有味。所用的语言,平常如口语,温和高妙,看似浅显,然嚼之味醇,思之情真,悟之意远。

(参考《汉魏六朝诗鉴赏辞典》上海辞书出版社)

考试链接

1. 对这首诗的理解，恰当两项的是（ ）

A. 全诗生动地描绘了诗人佳日登高赋诗的美好情景。

B. "有酒斟酌之"的意思是与友人边吟酒边斟酌诗句。

C. "相思则披衣"意思是因相思而夜不能寐，披衣起彷徨。

D. "无为忽去兹"意思是不要急着离开这种生活。

E. 最后两句是说应该通过自己的辛勤劳作解决衣食问题。

2. 本诗表现了诗人在田园生活中感受到了那种乐趣？这种乐趣是怎样表现的？

编注者：强 强

【参考答案】

1. DE A 这首诗描写移居之后与邻居过往的快乐。B 这一句是写与邻居饮酒赏诗。C 这一句是写与邻里相思了就相聚。
2. 感受到一种美好的人际关系，即人与人之间充满了纯真而质朴的友情。这种乐趣主要是运用白描手法，描写人与人之间无拘无束，自由自在的相呼、相饮、相思、相言、相笑等情景，尽情地表现出来。

［明］ 盛茂烨 《唐诗意山水图册》

更漏子[1]

[唐] 温庭筠

玉炉香,红蜡泪,偏照画堂[2]秋思。眉翠薄,鬓云[3]残,夜长衾[4]枕寒。

梧桐[5]树,三更雨,不道[6]离情正苦。一叶叶,一声声,空阶滴到明。

注释

[1]更漏子:词牌名,又名《付金钗》《独倚楼》《翻翠袖》《无漏子》。
[2]画堂:华丽的内室。
[3]鬓(bìn)云:鬓发如云。
[4]衾(qīn):被子。
[5]梧桐:落叶乔木,古人以为是凤凰栖止之木。
[6]不道:不管、不理会的意思。

古词今读

玉炉散发着炉香烟,红色的蜡烛滴着烛泪,摇曳的光影映照出华丽屋宇的凄迷。她的蛾眉颜色已褪,鬓发也已零乱,漫漫长夜无法安眠,只觉枕被一片寒凉。

窗外的梧桐树,正淋着三更的冷雨,也不管屋内的她正为别离伤心。一滴一滴的雨点,正凄厉地敲打着一叶一叶的梧桐,滴落在无人的石阶上,一直到天明。

赏析要点

这首《更漏子》,借"更漏"夜景咏妇女相思情事。

开头三个字，表面看是景语，不像后来李清照《醉花阴·重阳》的"薄雾浓云愁永昼，瑞脑消金兽"含有以炉烟袅袅来表示愁思无限的意思。次句"红蜡泪"就不同了：夜间燃烛，用以照明，但多了一个"泪"字，便含有了人的感情。说"玉炉"，既见其精美，又见其色洁；"红蜡"则透出色泽的艳丽而撩人情思，而闺中的寂寞也隐隐流露出来了。"画堂"，写居室之美，与"玉炉"、"红蜡"相映衬。这句紧承上句，说红蜡所映照是画堂中人的秋思。"秋思"，是一种看不见、摸不着、深藏于人心中的情愫，红蜡是不能"照"到的，可是作者却执拗地强调"偏照"。"偏照"者，非照不可也。这一来，将室内的华美陈设与人的感情，巧妙地联系起来了。

此刻，在这美丽的画堂中，冷清寂静，只有玉炉之香、红蜡之泪，与女主人公相伴，不管它们是有意、无意，但在她看来，却是"偏照"。至此，是蜡在流泪，抑或人在流泪，融为一体，更反衬女主人公的"秋思"之深。概言之，第一句主要是衬景，二句景中含情，三句感情色彩强烈，女主人公的愁肠百结则呼之欲出。

"眉翠薄，鬓云残"，这两句写人。以翠黛描眉，见其眉之美。鬓云，是形容美发如云，可知其人之美。但紧接着用了一个"薄"字，一个"残"字，景况便完全不同了。"薄"字形容眉黛褪色，"残"字描绘鬓发不整。这两个字反映出她辗转反侧、无法入睡的情态，不仅写外貌，也同时写出了她内心难言的苦闷。"夜长衾枕寒"，继续写思妇独处无眠的感受，它不仅点明了时间——长夜漫漫，也写出了人的感觉——衾枕生寒，如李清照怀念外出丈夫时的"半夜凉初透"。由此可知上面的一切景物，都是夜长不寐之人目之所见、身之所感。这些景物如粒粒珍珠，用"秋思"这条线把它们串了起来。

上阕写画堂中人所见，下阕从室内转到室外，写人的所闻。秋夜三更冷雨，点点滴滴在梧桐树上，这离情之苦没有人可以理解。它与"偏照画堂秋思"呼应，可见"秋思"即是离情。最后作具体描述："一叶叶，一声声，空阶滴到明。"潇潇秋雨不理会闺中少妇深夜怀人的苦情，只管让雨珠洒在一张张梧桐叶上，滴落在窗外的石阶上，一直滴到天明，还没有休止。秋雨连绵不停，正如她的离情连绵无尽。由玉炉生香、红蜡滴泪的傍晚，到闻"三更雨"，再看"滴到明"，女主人公的彻夜不眠，当然更非一个"愁"字了得。

作者掠影

温庭筠（约812~866），唐代诗人、词人。本名岐，字飞卿，太原祁（今山西祁县东南）人。文思敏捷，每入试，押官韵，八叉手而成八韵，故有"温八叉"之称。然恃才不羁，又好讥刺权贵，多犯忌讳，取憎于时，故屡举进士不第，长被贬抑，终生不得志。官终国子助教。精通音律。工诗，与李商隐齐名，时称"温李"。其诗辞藻华丽，浓艳精致，内容多写闺情。其词艺术成就在晚唐诸词人之上，为"花间派"首要词人，对词的发展影响较大。在词史上，与韦庄齐名，并称"温韦"。存词七十余首。后人辑有《温飞卿集》及《金奁集》。

延伸阅读

"花间派"代表温庭筠韦庄比较

花间派是晚唐五代词派，在词的发展上占有重要地位。"花间"来自花间词人张泌"还似花间见，双双对对飞"。如果仔细观察的话，可以发现他们的作品词风多艳丽，大多是写男女之间的情爱，而且一般写女性生活。花间词总的特征是女性美，表现女性情感。但是具体来说，各个作者也有不同。温庭筠、韦庄是其代表作家，二人虽然都侧重写艳情离愁，但是风格却有所不同，温庭筠词感华美，韦词则给人清新平淡的感觉。

两人创作的不同主要有以下几个方面。

一、温词比较委婉、细致，而韦词比较明朗粗犷。

温词如《菩萨蛮》："小山重叠金明灭，鬓云欲度香腮雪。懒起画蛾眉，弄妆梳洗迟。照花前后镜，花面交相映。新帖绣罗襦，双双金鹧鸪。"

这首词描写了一个女子孤独苦闷心情。全首词都写女子的妆饰，上片从宿妆写起，到起床后梳洗，下片"照花前后镜，花面交相映"两句写妆成最后以穿着"新帖绣罗襦"作结，好像没有一字说到这女子的情感；但是细细读来可以知道上片结句"懒"和"迟"字已暗点情感，到下片结句指出"双双金鹧鸪"的"双双"两字，则从反面隐约委婉地衬托出这个女子的孤独之情。从这可以反映出温词的温婉，细致，隐约。

关于韦词，就拿韦庄的作品《女冠子》其一来说："四月十七，正是去年今日。别君时，忍泪佯低面，含羞半敛眉。不知魂已断，空有梦相随。除却天边月，没人知。"其二："昨夜夜半，枕上分明梦见。语多时，依旧桃花面，频低柳叶眉。半羞还半喜，欲去又依依。觉来知是梦，不胜悲。"第一首词的上片写情人相别，下片写别后相思。第二首词的上片是因相思而入梦，下片写梦醒。这两首词写一件事，第一首的开头明记日月，一点修饰不加，这显现出民间气息，这在文人词中是很少见的。整首词略有隐意的是末两句："除却天边月，没人知。"含意也是明显、直率的，使人一读就懂。所以韦词是粗犷明朗，使人一眼就能明白。

二、温词语言比韦词艳丽，韦词比较清新。

再以《菩萨蛮》为例，写的是一女子刚睡醒梳洗的神态。作者以艳丽的笔调，细腻地刻画出娇微的神态。重叠的发簪上，各种首饰闪着金光，乌黑的发髻垂于香腮，再加上"双双金鹧鸪"的罗裙，一位慵懒，妩媚的贵妇人形象就展现在我们眼前。我们可以看出温词的语言非常的艳丽，华贵。

而韦词就不同了，韦词比较清新，非常的浅白易懂。上面所提到的《女冠子》，其一，其二就十分能展示出那份明朗。一读到就能了解其中的意思，韦词多使用白描的手法，所以语言比较清新。韦庄的《思帝乡》："春日游，杏花吹满头。陌上谁家年少，足风流。妾拟将身嫁与，一生休。纵被无情弃，不能羞！"这首词抒写一位热情大胆的女子，冲破封建礼教的束缚，追求自己幸福生活的自白。韦词直接写明情感，大胆。这首词更能表现韦词直白的特点。

总而言之，温、韦在花间词派中代表了两种不同的词风，但是两人的创作风格，词风等都各有千秋。虽然风格不同，但都是花间派的代表作家，所以两个人也有异曲同工之处。他们赋予南唐词独特的感伤情调和开阔的词境，对词的发展作出了巨大的贡献。

考试链接

1. 根据你的判断，这首词属于什么派别的作品？它塑造的主人公是一个什么样的形象？请简要说明。
2. "梧桐树，三更雨，不道离情正苦"这句词在抒情上有什么特点？

编注者：王妮子

【参考答案】
1. 婉约派作品。主人公是一个容貌不整、整夜难眠、孤寂冷清、心有牵挂的思妇形象。
2. 抒情特点：情景交融，那一直滴到天明，没有休止的绵绵秋雨，正如主人公的离情连绵不断。

[明]　陈洪绶　《吟梅图》

楚狂①接舆歌

佚名

凤兮凤兮,何德之衰。往者不可谏②。来者犹可追。已③而已而。今之从政者殆④而。

> **注释**

①楚狂:是楚国佯狂的一位隐士。
②谏:止住,挽救。
③已:罢休,停止。
④殆:危险。

> **古诗今读**

凤鸟啊!凤鸟啊!为什么你的德行竟如此衰颓?已过去的事情不可挽回,未来的事物还来得及改正啊。算了吧!算了吧!眼下从政的人物都很危险!

> **赏析要点**

楚狂的形象真有点给人以嬉皮士味道,一路唱着一路跑,但他所唱的内容却是非常严肃而深刻的。尤其是"往者不可谏,来者犹可追"两句,成为后世的名言。这种意思其实也正合于孔子在《八佾》篇里所说的"成事不说,遂事不谏,既往不咎"精神。"往者不可谏"就是"遂事不谏"。现在讲来,即过去了的事就让其过去了吧,关键是要抓住未来。"来者犹可追"即抓住未来。但是,抓住未来究竟干什么?

这依然是一个颇具争议的问题。如果根据上下文内容及思想,将楚狂所唱之歌理解为"避世隐居"则更具说服力,因为以孔子为代表的儒家思想非常强调"积极入世",即"学而优则仕,仕而优则学",但从该句可知,楚狂迎着孔子之车所言,其目的一方面源于对孔子现状之狼狈的嘲讽,讥笑孔子"明知不可为而为之"的做法,另一方面则出于对孔子及门人诚恳的规劝和警醒。在楚狂看来，虽然在之前，孔子的思想和行为具有可悲性，但仍然具有补救和挽回的机会，即从此刻开始，应当吸取前车之鉴，做聪明的、合时宜的"出世者"，这大概就是时代造就人物命运的最合理诠释罢。这样一来，抓住未来所要做的事，与后文"今之从政者殆而"的时事状况刚好吻合，巧妙地化为因果关系，更进一步说，即正因为当今已从政的人们都"如履薄冰，如临深渊"，那么孔子还"累累如丧家之犬"一样地汲汲于奔走各国干什么呢？他更应该看开时事，不该重蹈今人为政之覆辙。

这样看来，楚狂的观点与《论语》中子路宿于石门时那个"晨门"的说法是一致的，都认为孔子是"知其不可而为之"的人，所以要加以讽刺和劝喻。当然，道不同，不相为谋。纵观历史，孔子是否听他们的劝喻呢？则另当别论。

如果脱开具体的语境，今天我们单从"往者不可谏，来者犹可追"来理解的话，启发颇大。不说历史，更不必说社会这样的大话题，就是我们处理个人普通生活中的事情，总结自己人生道路上的成败得失等，同样具有极大的借鉴意义。

延伸阅读

歌者之"出世"与陶潜之"隐世"

《论语》系记录孔子及其弟子言行的语录体文本，该书思想与孔子所生活的年代和背景紧密相关。其时正是奴隶社会向封建社会转变期，因此，礼崩乐坏、社会动荡、"民变"、"民崩"的社会现实急需像孔子这样提倡"礼、仁"的政治活动家。然而时代不一定造就一切遂人愿的人物，以孔子为代表的儒家之"积极入世"思想屡遭非议，"楚狂接舆歌而过孔子"相关内容中，就有楚狂嘲讽孔子愚于"明知不可为而为之"仕途观的言行。那么，看待仕途，楚狂与孔子态度有何不同呢？这种态度与陶潜所追寻的"丘山之爱"又有何相似之处呢？

严格讲，《论语》中歌者处世之态与陶潜"隐士"之姿不具有直接可比性，但在对当时所处社会的认知方面有共通的选择方向。《论语》中歌者唱"罢了，罢了，如今的从政者亦有危险"，歌者这里强调"出世"，即面对混乱不堪、无力改变的社会现状，哪怕众人皆醉我也要独醒，走自己可行得通的路，何苦力求从政而"累累如丧家之犬"！晋陶潜虽受儒学影响，怀有兼济天下苍生的凌云壮志，但门阀制弊病下，他不得不在苟合取容中降志辱身和一些官场人物周旋委蛇，真乃枉负了一身才志。因此，他宁愿选择隐于世，躬耕"南山"，去追求心灵的宁静与淡泊！

身处之处，由不得已。《论语》中歌者之"出世"态度，侧重放弃对当下政治的追求，实质含有"我不被仕用"的无奈和隐射的愤慨，即天下皆无力挽狂澜之士，空我一人犹杯水车薪，实在无可奈何！而陶潜"隐世"之态，则更侧重于自我不愿与世俗同流合污、甘守一身之正的不屑！虽然这二者的处世缘由各有侧重，但其处世结果均归结于"不入世"。这点上，实属二者共通之处。

考试链接

1. 下面对该选文的分析与概括，不正确的一项是（　　）

A. 接舆佯狂避世，长沮、桀溺躬耕避世，他们都是不满社会现实、不与世俗同流合污的得道隐士。

B. 接舆经过孔子时的狂歌，把自己比作衰退的凤凰，委婉地规劝孔子趁早退出从政之路。

C. 长沮、桀溺这类消极避世而自命清高的隐士在孔子看来是与鸟兽为伍的人，孔子认为自己不能追随他们逃避现实。

D. 这两段文字反映了孔子关于社会改革的主观愿望和积极的入世思想，体现出一种可贵的忧患意识和历史责任感。

2. 文中的言论反映孔子什么思想？你如何认识这种思想？

编注者：马小波

【参考答案】

1. B "把自己比作衰退的凤凰"错误，此处该是楚狂嘲讽孔子如逐渐衰退的凤凰，其仕途并不遂人愿。

2. 孔子的言论反映了儒家改革社会的良好愿望和积极入世的思想。儒家不倡导消极避世，正因为社会动乱、天下无道，才更需要有志之士为改革社会现状而努力，这是一种以天下为己任的责任感和忧患意识。另一方面，假如乱世之中，人人明哲保身，那么乱就得不到抑制，其乱更甚，知其不可而为之，实则体现了一种担当、奉献和牺牲的精神。人生中总会遇到各种问题，倘若都以退避的姿态对待，问题永远存在。

[明] 唐寅 《骑驴思归图轴》

晚登三山①还望京邑②

[南北朝] 谢朓

灞涘望长安③，河阳视京县④。

白日丽⑤飞甍⑥，参差皆可见。

余霞散成绮⑦，澄江⑧静如练⑨。

喧鸟覆春洲，杂英⑩满芳甸⑪。

去矣方滞淫⑫，怀哉罢欢宴。

佳期⑬怅⑭何许，泪下如流霰⑮。

有情知望乡，谁能鬒⑯不变⑰？

注释

①三山：山名，在今南京市西南。
②京邑：指南齐都城建康，即今南京市。
③灞涘望长安：借用汉末王粲《七哀诗》"南登霸陵岸，回首望长安"诗意。灞，水名，源出陕西蓝田，流经长安城东。
④河阳视京县：借用西晋诗人潘岳《河阳县诗》"引领望京室"诗意。
⑤丽：使动用法，这里有"照射使……色彩绚丽"的意思。
⑥飞甍（méng）：上翘如飞翼的屋脊。甍，屋脊。
⑦绮：有花纹的丝织品，锦缎。
⑧澄江：清澈的江水。

⑨练：洁白的绸子。
⑩杂英：各色的花。
⑪甸：郊野。
⑫滞淫：久留，淹留。
⑬佳期：指归来的日期。
⑭怅：惆怅。
⑮霰（xiàn）：雪珠。
⑯鬒（zhěn）：黑发。
⑰变：这里指变白。

古诗今读

我就像王粲在灞陵上眺望长安，又像潘岳在河阳回顾洛阳那样登上三山回望京城。

夕阳使飞甍的屋脊色彩明丽，京城内的屋宇高低不齐，历历在目。

残余的晚霞铺展开来就像彩锦，澄清的江水平静得如同白练。

喧闹的群鸟覆盖了春天的小洲，各种花朵开满了芳草遍地的郊野。

我将远离京城在他乡久留，真怀念那些已停办的欢乐宴会。

回乡的日期在何时，我惆怅不已，泪落如雪珠。

有感情的人都知道思念家乡，谁的黑头发能不改变？

赏析要点

这是一首五言古诗，抒写诗人登上三山时遥望京城和大江美景引起的思乡之情。

第一层是开头的两句："灞涘望长安，河阳视京县。"这两句化用古人诗句，以喻今日自己的心态。作者以古人的"望京"来比自己的"望京"：以灞涘、河阳比三山，以长安、洛阳比建康，以王粲、潘岳比自己，为全诗定下了基调。"望"是贯穿全篇的线索

第二层是以下的六句，紧扣"望"字，描绘了"登三山望京邑"所见的壮丽景象。"白日丽飞甍"是写在夕阳的照耀下，飞动的屋脊明丽多姿。"参差皆可见"是写京邑内的屋宇高低不齐。"余霞散成绮，澄江静如练"是千古名句。描绘了天空的云霞散布如绮，澄静的江水宛如白练。作者选择富有时令和环境色彩的词语来描写，形象地显示了"余霞""澄江"的特色。"喧鸟覆春洲"的大意是：喧

闹的群鸟覆盖了春天的小洲。"杂英满芳甸"的大意是说：杂花开满了芬芳的郊野。这一层六句，描绘了一幅明艳壮阔的春晴晚景图。良辰美景呈现眼前，令人陶醉和留恋。

第三层从"去矣方滞淫"到"谁能鬒不变"。这一层融景入情，抒发诗人登山临江望京邑所引起的怀乡愁绪。"去矣方滞淫"的大意是：就要离开京邑而长久地滞留他乡了。"怀哉罢欢宴"的大意是：多么怀念那已停办的欢乐宴会。"佳期怅何许"的大意是：回乡的日期不知在何时，令人怅恨。"泪下如流霰"的大意是：眼泪流下犹如雪珠。"有情知望乡，谁能鬒不变"这两句的大意是：有感情的人都知道怀念家乡，谁人的黑头发能够不变白呢？这两句回应开头的两句，说明自己与王粲、潘岳同具去国之悲。

全诗开头两句以用典起始，借王粲、潘岳之典抒发愁思。中间六句大写江天美景，然后层层抒情。以乐景衬愁情，更见其愁。

作者掠影

谢朓（464～499），南朝齐时著名的山水诗人，出身世家大族。字玄晖，陈郡阳夏（今河南太康县）人。谢朓与谢灵运同族，世称"小谢"。初任竟陵王萧子良功曹、文学，为"竟陵八友"之一。后官宣城太守，终尚书吏部郎，又称谢宣城、谢吏部。东昏侯永元初，遭始安王萧遥光诬陷，下狱死。曾与沈约等共创"永明体"。今存诗二百余首，多描写自然景物，间亦直抒怀抱，诗风清新秀丽，圆美流转，善于发端，时有佳句；又平仄协调，对偶工整，开启唐代律绝之先河。

延伸阅读

一生低首谢宣城

李白对谢朓倾倒备至，曾以"清发"二字概括谢诗的风格："蓬莱文章建安骨，中间小谢又清发。"小谢即指谢朓。谢朓与谢灵运均长于模山范水，而谢朓时代在后，故人们称谢灵运为大谢，谢朓为小谢。李白此诗题为《陪侍御叔华登楼歌》，上句称美李华（或李云）文章有建安风骨，下句则隐以自喻。李白诗有雄奇纵放、如江河奔泻者，也有清新俊发、如皓月临空者。后一种风格，当受谢朓影响。

至于谢朓楼，又名谢公楼、谢朓北楼，是与谢朓任宣城太守有关的古迹，李白诗中曾多次言及，如《秋登宣城谢朓北楼》："谁念北楼上，临风怀谢公？"是以见其敬佩之情。传说谢朓在宣城姑熟（今安徽当涂）青山之麓建有别宅，其地风景绝佳。后人因名其山为谢公山、谢家青山。山上有井，名谢公井。山下有市，名谢家市。太白晚年流落当涂，深爱其地，逝世前即遗言葬于山下。当时因故未能如愿，数十年后，方迁葬青山西麓。太白诗魂，得以徜徉于他所仰慕的诗人的故迹遗踪之间，当可九泉含笑了。

李白诗中屡屡言及谢朓诗篇或诗句。如《新林浦阻风寄友人》："明发新林浦，空吟谢朓诗"，该就是指谢朓的《之宣城郡出新林浦向板桥》。又如《秋夜板桥浦泛月独酌怀谢朓》：

> 天上何所有？迢迢白玉绳。斜低建章阙，耿耿对金陵。汉水旧如练，霜江夜清澄。长川泻落月，洲渚晓寒凝。

诗中的描写使人想起谢朓的《暂使下都发新林至京邑赠西府同僚》。那是诗人由荆州东下、将至建康时所作，诗中描写夜景道：

> 秋河曙耿耿，寒渚夜苍苍。引领望京室，宫雉正相望。金波丽鳷鹊，玉绳低建章。

这正是天色将明未明之际，天上银河闪闪发光，江中洲渚浅黑深青，笼罩在寒冷的夜色之中。眺望京城，但见宫阙楼观遥遥相向，月光给它们镀上美丽的金色，北斗星依依地向着它们低垂。这是一幅多么壮丽的京城夜景！黑暗和光明、静谧和生机和谐地统一起来。显而易见，李白诗的意境、用语都有意仿效谢朓。至于"汉水旧如练，霜江夜清澄"二句，还使人想起谢朓的《晚登三山还望京邑》的名句"澄江静如练"。李白的《金陵城西楼月下吟》，是一首如月光下露珠般晶莹的佳作，也特意提到这个名句："解道'澄江静如练'，令人长忆谢玄晖。"谢朓在那首诗中亦描绘了京邑景色，不过不是月夜，而是黄昏：

> 白日丽飞甍，参差皆可见。余霞散成绮，澄江静如练。喧鸟覆春洲，杂英满芳甸。

诗人就要离开京城了。他登上建康西南长江边上的三山，回首远眺，展现在眼底的是早已熟稔的景色，此时显得这样美丽！夕阳照耀着翼然飞耸的屋檐，高高低低，历历在目。随着落日光辉的转移，那屋脊上的光和影都在和谐地缓缓流动。晚霞铺展着、变幻着，像五彩的锦缎。澄清的江水静静地流去，宛如一匹白练伸向天边。这"静"不仅仅是风平浪静，而且是因为晚照那样柔和；若是在强烈的阳光下，那水面上将是碎金万点，耀人心目，就不会给人以"静"的感觉了。"练"是白色的丝织品。"如练"不仅写出了江面反射下夕阳的色彩，而且写出了那种丝绸般的柔滑之感。多么细腻的感受！无怪乎李白对之激赏。"喧鸟"二句则是近景，写出了一片热闹的啁啾，写出了斑斓的色彩。而"覆"字、"满"字更流露出诗人衷心的赞叹，让人体会到他对京城的无限依恋。 李白还在《酬殷明佐见赠五云裘歌》中提到谢朓诗："我吟谢朓诗上语，朔风飒飒吹飞雨。谢朓已没青山空，后来继之有殷公。""朔风"句指的是谢朓《观朝雨》：

朔风吹飞雨，萧条江上来。

既洒百常观，复集九成台。

空濛如薄雾，散漫似轻埃。

这也是工于发端的一个例子，一起首就给人以气势飞动之感。十六尺为常，百常观极言其观之高。九成即九层，亦言其高。"空濛"二句写雨势转为蒙蒙细雨之状，体物细致，但总不如"朔风"二句富有动态。唐人殷尧藩《喜雨》云："山上乱云随手变，浙东飞雨过江来。"下句当从谢朓这两句中化出，但上句勉强，似与下句不称。至苏轼《有美堂暴雨》云："天外黑风吹海立，浙东飞雨过江来。"虽袭用殷氏原句，却雄迈矫健，气势夺人。才之大小，真不可同日而语。而谢朓创始之功，尤不可没。

考试链接

1. 对这首词赏析正确的一项是（　　）

A. 诗中第一、二句用典精当，对仗工整，道出了离京的原和路程。这里的"灞涘"即"河阳"，"长安"即"京县"。

B. 谢灵运《登江中孤屿》诗中的两句："云日相辉映，空水共澄鲜"，与谢朓诗中的"余霞散成绮，澄江静如练"意思相同，不过形容过实，不如小谢的这两句诗鲜明空灵。

C. "佳期怅何许，泪下如流霰"两句抒发了诗人延误佳期的惆怅，描摹出诗人追悔不已、泪下如霰的情态。

D. 诗人以"有情知望乡，谁能鬒不变"收束全诗，写的仍是傍晚时登上三山回望京都的情景，与开头相呼应。

2. "余霞散成绮，澄江静如练。喧鸟覆春洲，杂英满芳甸。"妙在何处？

3. 本诗有哪些写作特点？

编注者：梁秋燕

【参考答案】

1. B　A项中，"灞涘"指霸陵而非河阳，"京县"指洛阳而非长安；C项中，"佳期"指还乡之期，这两句诗写作者想到乡无期，心中充满惆怅，泪珠像雪珠一样散落；D项中的两句诗是抒怀之情。这三项皆误，只有B正确。

2. 这几句描绘了一幅色彩明丽、意境澄清、充满生机的画面，表达了作者对京城美景的热爱和留恋。技巧高超：色彩和谐搭配，晚霞之红艳、澄江之碧透，交相辉映；动静有机结合，归鸟之喧闹、野花之茂盛，互为映衬。加之用了两个贴切生动的比喻，将霞光比喻成彩锦，将澄江比喻成白练，令人感到美不胜收。

3. 情景交融：紧扣"望"写出了景象的壮丽，更加反衬作者的离情，"以乐景写哀情，倍增其哀"。写景自然贴切：似乎不经意写成，妙手天成。"余霞散成绮，澄江静如练"形成对比，色彩相对，动静相对；比喻生动具体；词语选用非常好，"余"与"散"，"澄"与"静"有内在因果关系。

[明] 唐寅 《树下高士图》

浣 溪 沙

[宋] 辛弃疾

细听春山杜宇①啼，一声声是送行诗。朝来白鸟②背人飞。

对郑子真③岩石卧，赴陶元亮④菊花期。而今堪诵北山移⑤。

扫一扫，听朗读

注释

①杜宇：又名杜鹃、子规，鸟名。鸣声凄厉，能使旅客起思乡之念。
②白鸟：水鸟。上句的杜宇的送行诗与这句的白鸟背人飞，都是不忍相别的意思。
③郑子真：汉时谷口人。《杨子·法言·问神篇》："谷口郑子真不屈其志，而耕乎岩石之下，名震于京师。"这里是作者回忆自己十年的田园生活。
④陶元亮：陶渊明字元亮。
⑤北山移：即《北山移文》。作者孔稚珪字德璋，南齐人。居会稽山阴（今浙江绍兴）。南周颙隐于钟山，后为海盐令，欲再过钟山，孔作此文，借山灵口气，阻止周不许再来。作者应诏出山，高兴地表示：决心献身于国，不回上饶了。

古词今读

仔细地听来，在春意盎然的山里，杜宇鸟在啼叫，声音悲切，一声一声的都是不忍离别的送行诗句。早晨起程的时候，水鸟朝背着我的方向飞去。这是不想让我离开，要我回去的意思啊！

过去的十年，我仿效郑子真对着岩石坐卧，到了九月，邀请朋友，学陶元亮赏菊。现在，我要诵读孔稚珪的《北山移文》，不再回上饶过隐居的生活了。

赏析要点

常常想，一个人得有怎样的形貌身板，才能装得下一世的家国情仇，而且日日月月年年，至死不衰。仅南宋时期，一个岳飞，一个陆游，一个辛弃疾，他们的忧国思民之情足以压垮羸弱不知奋发的南宋王朝。

岳飞和陆游两个基本是南宋原民，辛弃疾不同。他是特意从北方金地起义并率兵归来的。豪情万丈而来，本想依傍朝廷，金戈铁马，收复失地，还我河山，但他万没料到的是自从南归后，便基本被凉置一边，任他栏杆拍遍也无人领会他一番焦灼急躁的爱国心、复国梦。只是在国有危难时拉出来用用，危难过去，要么被贬职，要么给他一毫无用武之地的闲职、文职.尽管如此，他依然时刻不忘复国志，只要朝廷有用，不论啥职位，都认真履职，哪怕是文职，他也会在工作之余，倾己之有，招募兵士，兴办武学，时刻准备着披甲上马，驰骋杀敌。

这次也一样，又是一小小提点邢狱，真是不情愿啊，加之他已被闲置十年之久。十年间，他已和上饶的山水风物融为一体，每天陪伴他，慰藉他的都是它们。所以，他才会在临别之际，一往情深的细听杜鹃啼，凝望白鸟飞，不忍离别，也不想离别。虽然不舍，尽管他的确也对朝廷对他的长时间弃置不用深感不满，但辛弃疾毕竟是辛弃疾，位卑未敢忘忧国，家国责任在，如何可纵情任性，自然也是怀着一线希望，希望能在任上有所作为。而且，他打算不再回来了，当然不只是愧对这里的山山水水，杜鹃白鸟，因为"求田问舍，怕应羞见，刘郎才气"，他还是滚滚热肠，放不下啊！

正是在这样的背景下，辛弃疾写成这首《浣溪沙》。

上片借景抒情。"细听春山杜宇啼，一声声是送行诗。"临别之际，词人仔细倾听，杜鹃鸟一声声"不如归去"的啼鸣，凄凉哀婉，牵心扯肺，显然是为即将远行的词人吟唱的"送行诗"。啼声和诗意，合辙押韵，都是叮嘱词人别忘归来之意。词人无疑借此表达依依不舍的离乡心境。"朝来白鸟背人飞"，白鸟这些平时与他结盟为邻的伴友们，在他临行之际，竟也不忍相别，背着他飞走了。十年居地，就此别过，作者用杜宇鸣叫、白鸟飞走，描绘和渲染出一种深情眷恋，不忍别离的气氛！

下片以典明志。辛词善用典，这简直已成他词风标志。短短三句，化用三典，信手拈来，妙合无痕，不能不佩服他的博学与巧用。虽有人讥之掉书袋，但只要能用，自己顺手，读者惬意，为何不用呢？他用郑子真、陶元亮，《北山移文》三个典故，抒述了自己这时的心境。郑子真："谷口郑子真，不屈其志而耕乎岩石之下，名震于京师。"（《杨子法言问神篇》）陶元亮，即陶渊明，据《续昔阳秋》记载："陶潜九日无酒，出篱边怅望久之，见白衣人至，乃王弘送酒使也。即便就酌，醉而后归。""对郑子真岩石卧，赴陶元亮菊花期"，是他隐居上饶十年的生活缩影，也是他即将赴任新职而愧对两位先知挚友的感慨。十年来，是他们给了自己精神的依托；是他们，慰藉着自己那颗急于报国而无路请缨的心。而今，为朝廷、为国家计，自己恐怕无颜再见两位静心隐者了，只能吟诵着《北山移》自我解嘲，并为自己壮行。《北山移》，指《北山移文》，南齐孔稚圭著。据《文选之臣注》记载，南齐周彦伦，临隐钟山，后应诏出为海盐县令，欲过钟山，热爱山水，不乐世务的孔稚圭在借山灵的口吻，写了一篇《北山移文》，拒绝周彦伦，再到钟山来。并对那些贪图官禄的假隐士们，进行了辛辣的嘲讽。

其实，这都不过是作者的谦托之词罢了，这首《浣溪沙》的实际用意，是对朝廷弃置他长达十年之久的一种愤怒抗议！因为这个差使，并不能充分实现他的报国初衷，他要的是"金戈铁马，气吞万里如虎"的战场，他要的是"手持长缨缚苍龙"的冲锋。一个小小的闲职提点刑狱，如何能实现报国宏志，还不如在家饮酒赋诗，自得其乐。

作者掠影

辛弃疾（1140~1207），南宋词人。原字坦夫，改字幼安，别号稼轩，历城（今山东济南）人。出生时，中原已为金兵所占。21岁参加抗金义军，不久归南宋。历任湖北、江西、湖南、福建、浙东安抚使等职。一生力主抗金。曾上《美芹十论》与《九议》，条陈战守之策。其词抒写力图恢复国家统一的爱国热情，倾诉壮志难酬的悲愤，对当时执政者的屈辱求和颇多谴责；也有不少吟咏祖国河山的作品。题材广阔又善化用前人典故入词，风格沉雄豪迈又不乏细腻柔媚之处。由于辛弃疾的抗金主张与当政的主和派政见不合，后被弹劾落职，退隐江西带湖。

延伸阅读

借景抒情，移情于物是诗人们经常用来抒情写志的手法，比如白居易《长恨歌》中"春风桃李花开夜，秋雨梧桐叶落时"，时间的推移，春秋的代序，自然风物的变化，都是抒情主人公情感的见证，都是玄宗对贵妃的刻骨相思。辛弃疾自己的很多词中也都有运用，比如《水龙吟·登建康赏心亭》中"遥岑远目，献愁供恨，玉簪螺髻"，美丽如玉簪的大大小小的远山如今皆成摆在诗人面前的愁情恨意了。

辛弃疾亲近自然、村居闲适的词清新洒脱、画面温馨，比如《清平调·村居》

茅檐低小，溪上青青草。醉里吴音相媚好，白发谁家翁媪。大儿锄豆溪东，中儿正织鸡笼。最喜小儿亡赖，溪头卧剥莲蓬。

曾自称为"江南游子"的辛弃疾一直希望能收复失地然后北归，但到晚年，他已渐入江南佳境，能和村民们融为一体，感受到吴侬软语的亲切可人和村居生活的安逸闲适。

考试链接

1. 这首诗有_____处用典，分别是_____、_____和_____。
2. 这首诗表达了诗人什么样的情感？

编注者：李爱秀

【参考答案】
1. 三　郑子真　陶渊明　《北山移文》
2. 表达了诗人对朝廷弃置他长达十年之久的愤怒和抗议，同时饱含着诗人请缨无路、报国无门的愤懑和无奈。

[明] 唐寅 《山水图卷》

鹧鸪天①

鹅湖②归病起作

[宋] 辛弃疾

枕簟③溪堂④冷欲秋。断云⑤依水晚来收。红莲相倚浑如醉,白鸟无言定自愁。

书咄咄⑥,且休休⑦。一丘一壑⑧也风流⑨。不知筋力衰多少,但觉新来⑩懒上楼。

注释

①鹧鸪天:词牌名,一名《思佳客》,一名《于中好》。
②鹅湖:原名荷湖,因山中有湖,多生荷。东晋人龚氏居山,养鹅湖中,于是更名鹅湖。其位于江西铅山县东北。山麓有唐禅师所建仁寿院,宋更名鹅湖寺,风景优美。辛弃疾乡居时常来此游玩。
③簟(diàn):竹席。
④溪堂:建筑在水边供游赏的楼台亭阁。
⑤断云:片云。此句言漂浮水上的云烟到了傍晚都散掉了。
⑥咄咄:《晋书·殷浩传》里记载了殷浩热衷富贵,罢官后终日手执书空作"咄咄怪事"四字。后因以"书空咄咄"为叹息、愤慨、惊诧的典实。
⑦休休:《新唐书·司空图传》载司空图隐居中条山,建了一座亭,名为"休休"。休,休也,美也,表示追求隐逸、闲适生活的情怀。
⑧一丘一壑:班固《汉书·叙传》:"渔钓于一壑,则万物不奸其志;栖迟于一丘,则天下不易其乐。"此句谓寄情山水。
⑨风流:优美,有风韵。

⑩新来：最近。此句化用刘禹锡《秋日书怀寄白宾客》诗："兴情逢酒在，筋力上楼知。"

古词今读

枕卧于水边阁楼。竹席初凉，冷清清好似秋天，凉意沁骨。飘于水面的片片云烟在沉沉暮色中消散了。池塘中盛放的红莲相互依偎，宛若醉酒的佳人；堤岸上兀立的白鹭默默无言，定是在独自忧愁、沉思。

与其像殷浩那样朝天空书写"咄咄怪事"发泄怨气，不如像司空图那样去追求安闲自在的隐逸生活。大自然中的每一座山丘，每一条沟壑，也是潇洒有情味儿的。如今，不知我精力衰损了多少，只觉近来，懒于上楼临风远望了。

赏析要点

此词为淳熙十五年（公元1188年），是辛弃疾罢官闲居上饶期间所作。一贯主张抗金、恢复失地的词人自被朝廷罢黜后，常常借游山水来消除心中愤懑。当时词人患了一场疾病，病后登楼观赏江村晚景，忽惊流光暗逝而筋力潜衰，回顾生平，有怀才不遇遍尝心酸后的悲凉，有功业未成年华已逝的无奈，种种况味交集于心，因歌此阕以抒胸臆。

词的上阕写鹅湖的自然风光。首句写气候变化：虽未入秋，但微凉的枕簟、初冷的溪堂却已经透出丝丝秋意。这种清冷的感觉，既源于时令的变化，也是词人内心的投射。"断云"句写江上远处风光：夕阳西下，烟云飘浮，渐渐消散；举目远望，天长水远，苍茫无边。这种景象既给词人带来一种广阔的美感，也在无形之中把词人内心的清冷之感惆怅之意无限放大。"红莲""白鸟"二句由远及近：红莲相互依偎，如同醉酒美人；白鹭无言兀立，或许它在为什么而发愁吧。"醉"字由莲脸之红引出，"愁"字由鸟头之白生发，拟人的手法，写活了莲花之红，水鸟之白。同时，"醉""愁"语义双关，透露出词人内心的苦闷。上阕写的虽是景，却处处有情，隐含着词人忧郁的心绪。情景交融，为下阕抒情制造了一种清冷而沉闷的氛围。

词的下阕抒情。过片头三句连用三个典故，前一句借用殷浩无故遭贬的典故，表示自己不必像晋代殷浩那样因罢官而终日宣泄失意情绪；后二句用司空图无奈退隐和班嗣的典故来自我安慰，表示隐居也能自得其乐。这三句一气呵成，气势连贯，一改上阕的清冷忧郁，诗人似乎真要寄情山水隐居世外,字里行间变得明朗旷达了些。然而,这不过是故作旷达之辞罢了。"不知""但觉"二句从坦率变为委婉,由旷达转为悲凉,这种方式比直抒胸臆更感强烈:"衰""懒"二字写出了词人病后力衰之感,"但觉"更是强调出慵懒无聊,无心上楼登高眺望的心情。看似写病后衰弱低落心绪,实则含有一种无可奈何的自我宽慰,一种本想"了却君王天下事,赢得生前身后名"却只能"可怜白发生"的悲凉和凄怆。古人对此二句颇为赞赏,《蓼园词选》称"妙在结二句放开写,不即不离尚含住"。陈廷焯云:"信笔写去,格调自苍劲,意味自深厚,不必剑拔弩张,洞穿已过七札,斯为绝技"(《白雨斋词话》)。

依上所述,上阕以气候的清冷、云水的舒卷和花鸟的静默营造出清冷愁闷的氛围。下阕出语旷达,但末二句语意转折愈令人倍觉悲凉。此词表面虽语出平淡却内容丰富意蕴深远。这种以淡语写深情的艺术,使这首词表现得含蓄沉郁,别具一格。

作者掠影

辛弃疾(1140～1207),南宋词人。原字坦夫,改字幼安,别号稼轩,历城(今山东济南)人。出生时,中原已为金兵所占。21岁参加抗金义军,不久归南宋。历任湖北、江西、湖南、福建、浙东安抚使等职。一生力主抗金。曾上《美芹十论》《九议》,条陈战守之策。平生以气节自负,功业自许,然南归四十余年间,大半皆废弃不用,后被弹劾落职,退隐江西带湖。公元1207年郁愤而终,卒年六十八。

延伸阅读

夏承焘论词调与情感

诗有题目,而词有调名。

有的词,调名就是它的题目,譬如五代时欧阳炯的《南乡子》。有的词,调名下面另有题目,像苏东坡的《念奴娇》,题目是"赤壁怀古"。

词调是用来规定这首词的音律的。所以每个词调的字数、字声、用韵的位置都有一定,不能随意改变。像《念奴娇》的第一句只许有四个字,下面各句的字数也有一定的规定,不能增加或减少。每一句、每一字的平仄声也都有规定,譬如苏东坡的《念奴娇》的第一句"大江东去"是"仄平平仄",不能填作"仄仄平平"。所以作词叫做"填词",依调子的声律填入平仄声的字。

作品的感情要和调子的声律密切配合。如,《满江红》、《水调歌头》一类词调,声情都是激越雄壮的,一般不用它写婉约柔情;《小重山》、《一剪梅》等是细腻轻扬的,一般不宜写豪放感情。词调声情必须和作品所要表达的感情相配合,这首作品才能够达到它的音乐效果,才能够达到超于五、七言诗的效果。

填词之前,先要选调。所谓"选调",首先应该了解哪个调子是适合于表达哪样的感情的,应该选取与自己所要表达的感情一致的词调,不可以单看调名。譬如,不能拿《贺新郎》这个调子作为祝贺结婚的词,因为《贺新郎》这个调子是慷慨激昂的,与"燕尔新婚"的感情不相干;也不能用《千秋岁》这个调子来作祝贺生日的词,因为这个调子是适宜于表达悲哀、忧郁的情感的,宋代的秦观曾经填过这个调子,有"落红万点愁如海"的名句,我们看这个调子的声韵组织,它的用韵很密,并且不押韵的各句句脚都用仄声字,没有一句用平声字来作调剂的,所以读来声情幽咽。黄庭坚就用这个调来吊秦观,后人便多拿它作哀悼吊唁之词;再如《寿楼春》,也不能因为它调名里有个"寿"字,就以为可以作为祝寿的词,实际上它的声调也是悲哀的,史达祖就有悼亡的《寿楼春》词。

由此可见,选调主要是选择调子的声调感情,不应该单凭调名的字面去选择。正确地选择词调,才能恰当地表达作品的思想感情。

(选自夏承焘《唐宋词欣赏》,编者有删节)

考试链接

1. 请赏析上阕"红莲相倚浑如醉"中"醉"的表达效果。
2. 下阕表达了词人什么感情?请简要分析。

编注者:陈小杏

【参考答案】
1. 运用拟人、比喻手法移情于景;"醉"字由莲花之红引出,把莲花比喻成喝醉酒的人脸,并写出盛开的红莲互相偎依的情景,想象丰富、画面优美。
2. 悲愤。下阕的前两句用典,借前人被贬的悲愤来抒写自己的悲愤,第三句以"一丘一壑也风流"的故作旷达之辞来更深刻的表达自己的悲愤之情。后两句通过描写看似写病后衰弱的寻常感觉,实则委婉含蓄地抒发了"英雄易老"的悲愤。

[清] 戴思望 《仿云林八景图册》

离 亭 燕

[宋] 张昇

一带江山如画,风物①向秋潇洒。水浸碧天何处断,霁色②冷光③相射。蓼屿④荻花洲⑤,掩映竹篱茅舍。

云际客帆高挂,烟外酒旗低亚⑥。多少六朝⑦兴废事,尽入渔樵⑧闲话。怅望⑨倚层楼,寒日无言西下。

注释

①风物:风光景物。
②霁色:雨后初晴的景色。
③冷光:秋水反射出的波光。
④蓼屿:长满蓼花的高地。
⑤荻花洲:长满荻花的水中沙地。
⑥低亚:低垂。
⑦六朝:指东吴、东晋、宋、齐、梁、陈六年朝代,均在南京建都。
⑧渔樵:渔翁和樵夫,代指普通老百姓。
⑨怅望:怀着惆怅的心情远望。

古词今读

金陵的风光如画一般美丽,秋色明净而舒爽。碧天与秋水一色,何处是尽头呢?雨后初晴的天色,与秋水闪烁的冷光交相辉映。蓼草荻花丛生的小岛上,隐约可见几间竹篱环绕的草舍。

江水尽头,客船上的帆布,仿佛高挂在云端,水气笼罩的岸边,酒旗低垂着,那些六朝兴盛和衰亡的往事,如今已成为百姓们闲谈的话题。在高楼上独自凝望,倍感苍凉,凄冷的太阳默默地向西落下。

赏析要点

这是一首写景兼怀古的词,金陵被诸葛亮称之为"龙盘虎踞"之地,是六朝的都城所在,它的山川早已驰名。这首词,是作者高楼上所到的景物,并借以抒发自己的六代兴亡之感。

"一带江山如画,风物向秋潇洒",先对整个金陵一带的全景作了鸟瞰,概括出了它的山水之美。秋天是草木摇落的时候,而在金陵,秋天的一切景物显得萧疏明玉而脱尘绝俗。

"水浸碧天何处断?霁色冷光相射。"词人的视线向远望云,天幕低垂,天水相连,浑然一色,这宏阔的景致,通过一个"浸"字形象准确的描绘出来。向近处看,万里晴空展现的澄澈,江波潋滟闪现的凄冷,动静互相映照。

"蓼屿荻花洲,掩映竹篱茅舍。"从自然界写到了人家,为下阕的抒发感慨做了铺垫。

"云际客帆高挂,烟外酒旗低亚。"这两句标识着人在活动,情从景生,金陵的往事涌上心头。

"多少六朝兴废事,尽入渔樵闲话。"历史上短短三百年里经历了六个朝代的兴盛和衰亡,这许许多多的往事,又有什么人理会呢?透露出词人心里的隐忧。

"怅望倚层楼,寒日无言西下。""怅望""寒日"表明了词人惆怅的心情,苍茫的夜幕即将来临,更添词人孤寂之感。

作者掠影

张昇(992~1077),北宋政治人物、词人。字杲卿,陕西韩城人。曾中进士,历任御史中丞等职,最后以太子太师荣衔而在康节病亡。

张昇与范仲淹是同辈,王安石、苏东坡更在其后,他的词作虽不多,但却透露出词风逐渐向豪放转变的讯息,在退居以前,经历了宋帝国由盛到衰,积贫积弱的形势越来越严重,当时,王安石的变法,取得了一些成绩,但也造成了不少的混乱,张昇作为一向忠心耿耿的在野大臣,而对这样的形势,不能不感到关切,他担心六朝故事重演,这大概是他的隐忧,但还身居官位,是不好把心事和盘托出的,于是这隐秘的担忧只能用这低沉的词来弹奏。

延伸阅读

无解的天问

面对亘古不息的滚滚江水，潇洒如画的眼前风物，安居于江洲中的逸民，远去或驶来的客船，谁能不生旷远之幽情、思古叹今之感慨！

六朝，三国之东吴，东晋，南朝之宋、齐、梁、陈都相继定都金陵，偏安于中国江南一隅。六朝国祚皆不长，是中国一个著名的分裂期。

而张升生活在北宋初期，北宋又是在结束五代十国这个中国又一个著名分裂期后而建立的王朝。所以，这里提的六朝兴废事，也可兼指更接近作者的五代十国时期的兴废事。"六朝"一词后来在中国其实已成为政权更迭频繁、社会动荡不安、让人感慨兴亡无常的专有名词，已超越了其本指的六朝之事。

渔夫樵人都对历史时而闲谈，抒发着自己的见解评论，感慨之余，叹息之余，也许就——也只能是一笑了之。很多时候，站在历史潮头的英雄豪杰，一个政权的最高统治者尚且不能力挽狂澜，挽救覆亡之命运。被统治管理的黎民百姓又能做些什么！大多数黎民百姓只是历史的看客。何况，历史上，"兴，百姓苦；亡，百姓苦"也近乎是一种规律。

一般老百姓只是希望国泰民安，自己能够温饱无忧即可！中国老百姓就是这样知足常乐，被儒家教育得安分守己、循规蹈矩、纲常有序。他们并无过多奢望。

而曾官至宰相级别的官员张昇自然不是一般的老百姓，感慨情思自然是与闲话坊语、一笑了之不能等同的。

按我们揣测，张升的怅望更显得凝重，悠长，遐想神思更远。

一个"怅望"即是这首词的感情上的"词眼"。整首词，除了这个词让读者惊鸿一瞥张升的心情外，其余皆以景语代替情语——温婉曲折，尽在不言之中。"多少六朝兴废事，尽入渔樵闲话"则是这首词思想上的"词眼"——作者的思考点在此，怅惘幽思的感情萦绕之处也在此。

类似的表达其实诗词里很常见，大家最熟悉的莫过于《三国演义》的开篇词曰：

"滚滚长江东逝水，浪花淘净英雄。是非成败转头空。青山依旧在几度夕阳红。

白发渔樵江渚上，惯看秋月春风。一壶浊

酒喜相逢。古今多少事，都付笑谈中。"

可见对类似主题的关注思考、感慨叹息是一个永恒的话题。当然后者更旷达洒脱、乐观解脱而已。前者张昇的词作更显得意犹未尽，还在思悟之中——历史的政权兴亡现象能否避免？

这真是一个无解的"天问"！

考试链接

1. 下面对这首词的赏析，恰当的三项是（　　）

A. 词从近景写起，词人以独有的眼光来欣赏眼前的景物，风景如画别有一番秋天萧瑟的韵味。

B. 上阕的三四句写雨后晴空万里，天水相连，浑然一色，望不到水的尽头。

C. 下阕第一二句写船帆高挂酒旗低垂，引发了词人对历史兴隆衰亡之事的感叹。

D. "多少六朝兴废事"却"尽入渔樵闲话"，给人一种历史的兴盛衰亡之事的感叹。

E. 最后两句写词人倚在高楼栏杆上，看着冬天的太阳默默地西沉，更增加其惆怅之情。

2. "水浸碧天何处断"中的"浸"字用得好吗？好在哪里？

编注者：范　晔

【参考答案】
1. CDE　因为A选项里说是从"近景"写起，并不是从近景写起，而是从远景写起。B选项并不是写雨后晴空万里。
2. "浸"有浸染的意思，一个"浸"描绘出天幕低垂，天空仿佛被江水完全渗入的景象，表现出水天相连、浑然一色的宏大开阔的意境。

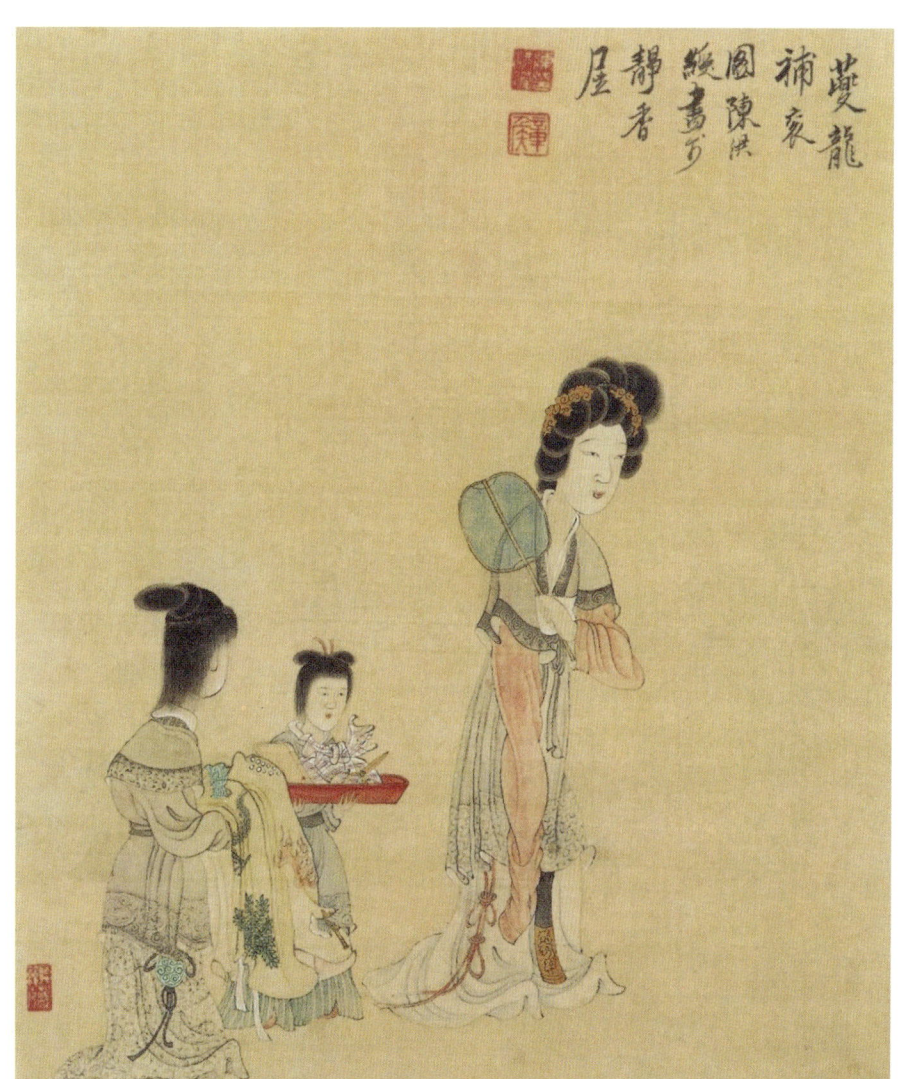

[明]　陈洪绶　《夔龙补衮图》

节妇①吟② · 寄东平李司空师道③

[唐] 张籍

君知妾④有夫,赠妾双明珠。

感君缠绵⑤意,系在红罗襦⑥。

妾家高楼连苑⑦起,良人⑧执戟⑨明光⑩里。

知君用心如日月,事⑪夫誓拟⑫同生死。

还君明珠双泪垂,恨不相逢未嫁时。

注释

①节妇:能守住节操的妇女,特别是对丈夫忠贞的妻子。
②吟:一种诗体的名称,如《游子吟》《葬花吟》等。
③李司空师道:李师道,时任平卢淄青节度使。
④妾:古代妇女对自己的谦称,这里是诗人的自喻。
⑤缠绵:情意深厚。
⑥罗襦:绸制短衣。
⑦苑:帝王及贵族游玩和打猎的风景园林。
⑧良人:旧时女人对丈夫的称呼。
⑨执戟:指守卫宫殿的门户。戟,古代的一种兵器。
⑩明光:本为汉代宫殿名,这里指皇帝的宫殿。
⑪事:服侍、侍奉。
⑫拟:打算。

古诗今读

你明知我已经有了丈夫,还偏要送给我一对明珠。

我心中感激你情意缠绵,把明珠系在我红罗短衫。

我家的高楼就连着皇家的花园，我丈夫拿着长戟在皇宫里值班。

虽然知道你是真心朗朗无遮掩，但我已发誓与丈夫生死共患难。

归还你的双明珠我两眼泪涟涟，遗憾没有遇到你在我未嫁之前。

赏析要点

这首诗通篇运用比兴手法，具有双层面的内涵。在文字层面上，它描写了一位忠于丈夫的妻子，经过思想斗争后终于拒绝了一位多情男子的追求，守住了妇道；在喻义层面上以比兴手法委婉地表明态度，表达了作者忠于朝廷、不被藩镇高官拉拢收买的决心。全诗语言极富民歌风味，对人物刻画细腻传神，为唐诗中的佳作。

单看表面，本诗完全是一首抒发男女情事之言情诗，骨子里却是一首政治抒情诗，题为《节妇吟》，即用以明志。李师道是当时藩镇之一的平卢淄青节度使，又冠以检校司空、同中书门下平章事的头衔，其势炙手可热。中唐以后，藩镇割据，用各种手段勾结拉拢文人和中央官吏，而一些不得意的文人和官吏也往往去依附他们，韩愈曾作《送董邵南序》一文婉转地加以劝阻。张籍是韩门大弟子，他主张维护国家统一、反对藩镇割据分裂的立场一如其师，因此不为所动。

诗人以"君"喻指藩镇李师道，以"妾"自比。诗中所说"双明珠"是李师道用来拉拢、引诱作者为其助势的代价，也就是常人求之不得的声名地位、富贵荣华一类的东西。作者慎重考虑后委婉拒绝了对方的要求，做到了"富贵不能淫"，像一个节妇守住了贞操一样的守住了自己的严正立场。但当时李师道是个炙手可热的藩镇高官，作者并不想得罪他、让他难堪，因此写了这首非常巧妙的双层面的诗去回拒他。

此诗富有民歌风味，其中一些描写，在心理刻画中显示，写得如此细腻、熨贴、入情入理，短幅中有无限曲折，真所谓"一波三折"。

这首诗词浅意深，言在意外，含蓄地表达了诗人的政治立场。全诗情感真挚，心理描写细致入微，委婉曲折而动人。除了它所表现的是君子坦荡胸怀这一因素外，其在艺术上的高妙也是促使它成为名作的重要原因。据说由于这首诗情词恳切，连李师道本人也深受感动，不再勉强。

作者掠影

张籍（约767～约830），唐代诗人。字文昌，先世移居和州，遂为和州乌江（今安徽和县乌江镇）人。世称"张水部"、"张司业"。张籍的乐府诗与王建齐名，并称"张王乐府"。著名诗篇有《塞下曲》《征妇怨》《采莲曲》《江南曲》等。

延伸阅读

香草美人
——中国文人的妾妇心理

游国恩《楚辞女性中心说》指出："文学用女人来作'比兴'的材料，最早是楚辞。……我国文学首先与'女人'发生联系的是《楚辞》。"屈原用一系列的爱情告白，抒发了强烈的思想感情，主要是感慨君臣关系的融洽，感叹时世的乖戾。这里，"美人"是"真"的现实化身；"真"是"美人"的理想准则。

闻一多先生只用一句"男人说女人话"对"香草美人"进行了简单明了的解释，虽然不是十分精确贴切，但从一定程度上说明了这种艺术手法所具有的特点。令人疑惑的是，在中国古代文学中，这种男人说女人话的现象并不只是个别行为，确是极为常见的，"香草美人"作为一种独特的比兴手法，继屈原之后备受文人喜爱。许多文人都以女性的角度进行诗词创作。

那么，在中国文学史上为什么会出现这种"男人说女人话"的现象呢？

女性形象被符号化为臣子形象，是与中国古代社会特有的伦理结构有关系的。父子、男女、君臣维系家庭、家族和国家的基本社会关系。但父子之间是血缘关系，君臣、男女之间是非血缘关系，因而在主从关系上产生了相似性：男女是家庭的君臣，君臣是国家中的男女。考察中国封建等级社会秩序时可以发现：男人常受到王权统治中心的压抑，这种受压抑的处境使他们被贬入以女性作为象征的客体地位，因而男性作家被迫使用受压抑的女性话语。这样，男性诗文中君臣之遇的关系，便与表现男女感情的各式主题形成对应意义：渴望报效——相思；怀才不遇——美人迟暮；为臣王重用——宠幸；受冷落——薄情；遭排挤打击——弃妇。男性作家在君臣关系中被统治受压抑的处境，与女性在夫妻关系中被统治受压抑的处境相同，所以易于通感。男性作家作为男性，在强大的社会秩序中，能找准的位置就只能是统治压抑之下的女性的位置。

再深层次地来考察，男人在君臣关系中，实际上还存在着"仕"与"隐"，"进"与"退"的选择可能。故此，表现出来的情绪就不是那么绝对而永久；而只有进入性别关系中，自居于对某一个既定的"夫主"的绝对永久的屈从地位，才能使其感情表现得更为专一。封建时代臣对君的附庸意识、奴隶意识还不够，必须再专一化、坚贞化。这时，男女关系的比况无疑便成了最好的载体。

另外，后世诗人以女性自比，寄托自己才志美好，冀得明君相知，得君行道的理想，往往还有美化自己的成分在内。试想即便是屈原、宋玉、曹植、辛弃疾等忠臣才俊，当他们置身在强大的君权面前，称述自己的理想抱负的时候，其形象亦难免是一种萦心利禄、摇尾乞怜的老官僚或酸书生的形象，而假如将自己的身份置换为娇媚幽怨婉转缠绵的少妇时，就可以把君臣之间并不美的关系，披上一层男女之情的美的外衣。

(节选自张秀敏《"香草美人"
——中国文人的妾妇心理》)

考试链接

1. 张籍《节妇吟·寄东平李司空师道》与崔颢《长干曲其一》中所塑造的"妾"的形象有何不同？请简要分析。

长干曲其一

崔颢

君家何处住？妾住在横塘。
停船暂借问，或恐是同乡。

2. 张籍《节妇吟·寄东平李司空师道》与朱庆馀《近试上张籍水部》是如何表达诗人的情感的？有何异同？试分析。

近试上张籍水部

朱庆馀

洞房昨夜停红烛，待晓堂前拜舅姑。
妆罢低声问夫婿，画眉深浅入时无？

编注者：安雅琼

【参考答案】

1. 张诗运用细致入微的心理描写塑造了一位忠于丈夫、经过思想斗争后最终拒绝了一位多情男子的追求，守住了妇道的贞洁女子的形象。

   崔诗描写女子向男子发问，形象地将女子既想结识对方，又怕露骨的心态展现出来。诗人巧妙地以口吻传达人的神态，用女子自报家门的急切程度，塑造了大胆、聪慧、天真无邪的水乡女子的形象。

2. 同：都运用比喻的手法，诗人将自己比作女子，以女子的口吻抒发情感，含蓄委婉。

   不同：张诗主要通过心理描写，展示女子在面对爱情和世俗礼法时的挣扎，最终坚守节操的心理过程，从而委婉地对李师道的拉拢表示拒绝，含蓄地表达了诗人的政治立场。

   朱诗主要通过动作、细节描写，塑造了一位新娘一丝不苟地梳妆打扮，却因不知能否讨得公婆的欢心而担心地问丈夫她所画的眉毛是否合宜。

编者的话

在悠悠几千年的历史长河里,中华古诗词是中华传统文化中最灿烂的篇章,熠熠生辉,光耀古今。古诗词不仅是中国人的精神基因,也是我们文化的筋骨,撑起了文化传承的半壁江山。为了贯彻中共中央、国务院关于加强中国传统文化传承教育的精神和教育部关于中小学语文教学中增加古诗文比重和素养的要求,我们编写了这套丛书。

编写一套适合新时代读者学习古诗词的丛书并不是一时心血来潮的冲动。我们志在发展一种新的学习载体和学习模式。我们的目标是既适合中小学生语文课后阅读拓展训练,也适合读者循序渐进的学习,既能通过纸质版阅读,也可通过移动端进行电子学习。为此,我们从学习者的生理心理发展与认知能力、学习者诗词鉴赏能力的进阶管理、语文课程标准与中高考备考要求、诗会与诗词竞赛等活动对古诗词素养的要求、在线学习与交流等多个维度上进行了立意,辅以古诗词中字音义的难度、篇幅的长短、理解难易度等方面的综合考虑,参考国际上语言类分层教学的成功模式,精心运筹,把丛书划分为十二个等级,编为十二个分册,也可以匹配基础教育的十二个年级。成书后,我们发现,这种学程进度管理和阅读分级也十分吻合王国维先生在《人间词话》中关于诗词的三个境界的宗旨。比如对词的样本的挑选,从十六字令、忆江南等小令到中调、长调,分段逐级编排。这套丛书,也是中国有规模的古诗词丛书分级阅读的首次尝试。

《中华最美古诗词360首》精选了380多首古诗词,时间跨度上起先秦下迄清末,吸取了近现代古诗词研究大家的学术成果和经典诗词选本的优点,力争把中国古典诗词领域最具代表性的作者及其经典作品选进来,重在发掘主流文化价值,畅咏家国情怀,赞美社会责任感,兼顾各种风格、诗品和类型,比如,山水田园、爱国思乡、边塞、羁旅、咏史、送别、闺怨等无所不包,从"明月松间照,清泉石上流"的山涧幽景到"忽如一夜春风来,千树万树梨花开"的边塞奇观,随着层级的递升,古诗词的内容越发丰富,一个个鲜活的诗词大家在不断走进读者的视野，一首首风格迥异的诗词，如画轴般徐徐展开。

本丛书虽然定位为一套普识性的诗词读本，但并不普通。本丛书汇聚三百多位一线名师的智慧和心血，不仅有详尽的注释、生动的古诗词今读，还有一线教师极具个性的解读、有趣的关联延伸阅读，更有为应对各类考试而准备的测试题目和部分可资参考的教学资料，高度匹配教学要求，吻合教学实际，是古诗词精读和深度学习的不二选择。

本丛书在诗词筛选与编注过程中得到了很多专家、学者的指导和帮助。中国阅读学研究会副秘书长刘立峰、《中国教师》杂志社田玉敏教授、光明日报《教育家》杂志社王俊文先生等人给予我们许多具体指导、论证和鼓励，在此我们表示衷心的谢忱；对参与本丛书编注的三百多位教师的辛苦付出与劳动表示衷心的感谢，对参与书稿审校的林新杰、尚荣荣等同志表示衷心的谢意，同时感谢刘权先生对本书的出版给予的大力支持。

把380多首古诗词的解读深化为12个读本，卷帙不小，耗时费力可想而知，疏漏和不足在所难免，诚请广大读者批评指正，并给我们提出宝贵意见和建议，以便再版时订正和优化，帮助我们不断改进和完善，不断提高本丛书的质量。延伸阅读等模块中有部分作品是教师推荐给学生的传统阅读名篇，雷同或错漏在所难免，在此深表歉意。我们与收入本书作品的作者进行了广泛联系，烦请未能联系上的作者联系我们，以便支付稿酬。

最后，需要特别指出的是，本丛书委托北京名狮教育科技公司加工制作了电子版，这也是传统出版物发展新一代电子辅助教材的有益尝试，十分符合国家关于大力发展新一代数字阅读的文件精神。购买了本丛书的读者，可以通过扫描书中的二维码在移动端免费听朗读、看诗词原文，但本书纸质版的定价中不包含电子版的制作成本支出，因此购买了纸质版的读者使用电子版时，除了听朗读、看原文及其注释免费外，阅读电子版的其他页面和模块需要另行付费，如有疑问，具体请与北京名狮教育科技公司联系。

联系方式：（010）88113200

本书编委会